HELIO'S KITCHEN

MINHA DOCE VIDA

HELIO'S KITCHEN
MINHA DOCE VIDA

Helio Fenerich

Fotografias de Jemma Watts

1ª edição

Rio de Janeiro | 2016

CIP-BRASIL. CATALOGAÇÃO NA PUBLICAÇÃO
SINDICATO NACIONAL DOS EDITORES DE LIVROS, RJ

Fenerich, Helio
F377m   Minha doce vida / Helio Fenerich. - 1. ed. - Rio de Janeiro: Best
Seller, 2016.
il.

ISBN 978-85-7684-971-1

1. Culinária - Receitas. 2. Gastronomia. I. Título.

15-29108   CDD: 641.5
                                                                      CDU: 641.5

Texto revisado segundo o novo Acordo Ortográfico da Língua Portuguesa.

Título
MINHA DOCE VIDA
Copyright © 2016 by Helio Fenerich

Fotografias de Jemma Watts
Direção de arte das fotografias: Jemma Watts
Design de capa e projeto gráfico de miolo: Renata Vidal

Todos os direitos reservados. Proibida a reprodução, no todo ou em
parte, sem autorização prévia por escrito da editora, sejam quais forem
os meios empregados.

Direitos exclusivos de publicação em língua portuguesa para o mundo
reservados pela
EDITORA BEST SELLER LTDA.
Rua Argentina, 171, parte, São Cristóvão — Rio de Janeiro, RJ — 20921-380

Impresso no Brasil

ISBN 978-85-7684-971-1

Seja um leitor preferencial Record.
Cadastre-se e receba informações sobre nossos lançamentos
e nossas promoções.

Atendimento e venda direta ao leitor
mdireto@record.com.br ou (21) 2585-2002

*Dedico este livro
ao meu companheiro,
ao amor da minha vida
Brendan Holland.*

SUMÁRIO

9 Prefácio

BOLOS
13 Bolo mud de chocolate
15 Chocolate nemesis do River Cafe
17 Cheesecake de chocolate branco e amoras
19 Bolo de maçã da Sylvia
21 Bolo de laranja sefardita
23 Bolo de abóbora da tia Leanne
25 Bolo de cenoura com nozes
27 Bolo de coco com recheio de limão e cobertura de merengue italiano
31 Bolo de suspiro de amêndoas, creme de mascarpone e morango

BOLOS PEQUENOS E PEDAÇOS
35 Lamingtons
37 Muffins de figo
39 Brownies
41 Cupcakes
43 Madeleines de laranja
45 Financiers
47 Minibolos de banana
49 Kouglof
51 Pedaços de coco com geleia de framboesa
53 Pedaços de baunilha com ameixa preta seca

TORTAS
59 Massa folhada rústica
61 Massa para torta doce
63 Torta de limão
65 Torta de nêspera e amêndoa
67 Tarte Tatin
69 Torta de Yorkshire
71 Torta de chocolate e caramelo
73 Torta de massa folhada com nectarina
75 Torta de nozes pecans
77 Linzertorte
79 Minitorta aberta de ameixa vermelha

BISCOITOS
83 Biscoitos Anzac
85 Cookies de chocolate
87 Biscotti de amêndoa e pistache
89 Biscoitos de semolina do marroquino
91 Shortbread escocês
95 Biscoitos com geleia jam drops
97 Biscoitos de casamento mexicano
99 Macarons de coco com chocolate
101 Rugelach

SOBREMESAS

- 107 Pavlova com frutas frescas
- 109 Pudim de panettone
- 111 Mousse de chocolate e de manga
- 113 Crumble de maçã e ameixa vermelha
- 115 Panna cotta
- 117 Pera assada em caramelo e vinho
- 119 Mont Blanc
- 123 Pudim de chocolate com molho de chocolate
- 125 Torta caprese de chocolate branco, amêndoa e limão
- 127 Clafoutis de cereja
- 129 Pudim de tâmaras sticky toffee pudding

CHÁ DA TARDE INGLÊS

- 135 Scones com geleia de morango
- 139 Bolo Victoria
- 143 Tortinhas com creme de pasteleiro e frutas frescas
- 145 Tortinhas de maracujá e merengue
- 147 Friands de avelã, chocolate e framboesas
- 149 Minimadeleines de laranja
- 151 Sanduíches
- 151 Sanduíche de pepino
- 151 Sanduíche de ovo, maionese e agrião
- 152 Sanduíche de salmão defumado e cream cheese
- 152 Sanduíche coroação

- 155 Referências bibliográficas
- 157 Agradecimentos

Prefácio

"Por que você não escreve um livro?"

Essa pergunta foi tão impactante para mim quanto a ideia de me envolver profissionalmente com a cozinha e, a partir dela, conhecer e me tornar amigo de chefs renomadas como Nigella Lawson, Ruth Rogers e Rose Gray — estas últimas fundadoras do River Cafe, em Londres.

Minha relação com a gastronomia começou quando assisti ao programa *A cozinha maravilhosa de Ofélia*. O interesse aumentou cada vez mais e, por isso, no início dos anos 1990 fui para Israel, onde descobri a riqueza da cozinha judaica ao longo dos dois anos nos quais residi por lá. Em seguida mudei-me para Londres, e a vida foi doce para mim nas terras da rainha ao me aproximar da família Rogers (Richard Rogers — arquiteto internacionalmente conhecido — e sua esposa, Ruthie). Nos 15 anos em que morei na casa dos Rogers, aprendi os princípios básicos para a simplicidade e a elegância na gastronomia, o acesso para que eu fosse estimulado a criar e elaborar as receitas de formas diferentes das quais estava acostumado.

A pergunta que abre este prefácio foi feita a mim em uma das muitas conversas que tive na casa de minha amiga Nigella Lawson; foi ela mesma que sugeriu o título *My Sweet Life (Minha doce vida)*, questionando o motivo de eu ainda não ter publicado um livro com receitas para os leitores brasileiros.

Minha doce vida é meu primeiro livro de receitas escrito para esse público tão especial e exigente, onde a mistura de raças, cores, línguas, culturas e também cozinhas é tão forte. Resultado de anos de vivência e várias experiências a partir de lugares e pessoas maravilhosas com as quais tive contato em viagens por diversos cantos do mundo — desde o mercado "souk" em Marrakesh a *pâtisseries* francesas e italianas, passando pelas delicatéssens nova-iorquinas e pelos fantásticos cafés de Sydney e Melbourne até as magníficas *bakeries* londrinas —, a proposta deste livro é ser simples e acessível a qualquer pessoa que tenha interesse pela arte de cozinhar, reunir pessoas em torno de uma mesa, conversar e viver com gosto, já que a vida é doce e precisa ser saborosamente vivida.

Espero que, ao ler e executar as receitas, vocês tenham tanto prazer quanto eu tive ao prepará-las. É por isso que gosto de me definir assim: um cozinheiro apaixonado!

Helio Ivan Fenerich

Bolo de maçã da Sylvia

BOLOS

BOLO MUD DE CHOCOLATE

Uma receita de origem americana ideal para festas de aniversário. Seu nome pode ser traduzido como "lama de chocolate", pois é como fica a consistência do bolo antes de assado. Costumo decorar o meu bolo com cerejas, mas você também pode usar morangos.

200ml de água

275g de açúcar

250g de manteiga sem sal em temperatura ambiente

200g de chocolate 70% de cacau em pedaços

125ml de leite

50ml de óleo vegetal

50g de cacau em pó

3 ovos

250g de farinha de trigo

1 colher de chá de fermento em pó

1 colher de café de bicarbonato de sódio

Para a cobertura

150ml de creme de leite fresco

50ml de glucose de milho

250g de chocolate 70% de cacau em pedaços

150g de manteiga sem sal em temperatura ambiente

350g de açúcar de confeiteiro peneirado

Rendimento: 10 porções

Preaqueça o forno a 160º.

Vamos precisar de três fôrmas de 20cm de diâmetro untadas, forradas com papel-manteiga e untadas novamente.

Coloque a água e o açúcar em uma panela e leve ao fogo médio, mexendo bem até levantar fervura. Retire do fogo e acrescente a manteiga, o chocolate, o leite, o óleo e o cacau. Misture bem com uma espátula ou uma colher de pau. Com o auxílio de uma batedeira elétrica, adicione os ovos um a um na mistura, batendo sempre. Adicione aos poucos a farinha, o fermento e o bicarbonato. Mexa bem.

Distribua a mistura entre as três fôrmas e leve ao forno preaquecido durante 40 a 45 minutos. Com um palito, verifique se o bolo está assado antes de retirá-lo do forno. Então, retire e espere esfriar completamente.

Cobertura

Em uma panela, coloque o creme de leite, a glucose de milho e o chocolate. Leve ao fogo baixo, mexendo sempre até ficar homogêneo. Em uma tigela, coloque a manteiga e o açúcar de confeiteiro e bata com a batedeira elétrica até ficar cremoso. Adicione aos poucos a mistura de chocolate e continue batendo. Desligue a batedeira. Retire os bolos das fôrmas e coloque um deles no recipiente em que será servido, cobrindo-o com a cobertura de chocolate. Coloque o segundo bolo sobre o primeiro e repita o processo. Acrescente o último bolo ao topo dos dois primeiros e cubra toda a superfície com a cobertura de chocolate. Se quiser, decore com cerejas.

CHOCOLATE NEMESIS DO RIVER CAFE

Inspirado na receita do famoso restaurante The River Cafe em Londres, não conheço nenhum outro bolo com sabor de chocolate tão intenso quanto este. É o bolo dos sonhos. Mas, é claro, a qualidade do chocolate é fundamental. Deve-se usar chocolate com 70% a 72% de cacau.

450g de chocolate em barra com 70% de cacau em pedaços

300g de manteiga sem sal em temperatura ambiente

400g de açúcar

150ml de água

7 ovos inteiros

Rendimento: 10 a 12 porções

Preaqueça o forno a 150º.

Prepare uma fôrma redonda de 25cm de diâmetro, untada, forrada com papel-manteiga e untada novamente.

Você também vai precisar de uma fôrma maior, pois vamos "assar" o bolo em banho-maria.

Coloque o chocolate e a manteiga em um recipiente que possa ser aquecido, como metal ou pirex.

Ponha o recipiente em uma panela com água, tomando cuidado para não molhar o seu fundo. Leve ao fogo baixo até que a manteiga e o chocolate derretam completamente.

Retire o recipiente e reserve. Em uma pequena panela, coloque $2/3$ do açúcar, a água e mexa bem. Leve ao fogo baixo, misturando até o açúcar dissolver completamente e levantar fervura. Retire do fogo, junte com o chocolate derretido e mexa bem, até formar uma mistura homogênea. Reserve. Em uma tigela, coloque os ovos inteiros e bata com uma batedeira elétrica. Acrescente, aos poucos, o $1/3$ de açúcar que restou, e bata até dobrar o volume. Diminua a velocidade da batedeira e vá adicionando, pouco a pouco, a mistura de chocolate, batendo sempre. Desligue a batedeira e coloque a mistura na fôrma. Leve ao forno em banho-maria.

Atenção: coloque a fôrma com o bolo dentro de outra fôrma e acrescente água quente até atingir $2/3$ da altura da fôrma do bolo.

Asse por 1 hora — o bolo terá consistência de mousse cozida. Retire do forno com cuidado. Deixe esfriar, em temperatura ambiente, por no mínimo 3 horas.

Nunca coloque o bolo na geladeira, pois ele endurecerá. Para remover o bolo da fôrma, passe ligeiramente sua base na chama baixa do fogão, invertendo na travessa plana na qual será servido. Sirva com creme de leite fresco ou creme azedo.

CHEESECAKE DE CHOCOLATE BRANCO E AMORAS

Muitos anos atrás, trabalhei em um clube de jazz em Londres fazendo sobremesas. Preparei o cheesecake de chocolate branco e amoras pela primeira vez em uma noite de réveillon e foi o maior sucesso, passando a fazer parte do cardápio do clube. Uma das clientes encomendou este cheesecake que, para minha surpresa, foi o bolo de casamento dela! Esta é uma variação da tradicional receita de cheesecake de Nova York. Uma dica: é melhor preparar o cheesecake no dia anterior e deixá-lo passar a noite na geladeira.

Manteiga para untar a fôrma

6 biscoitos de maizena bem triturados, como uma farinha

400g de chocolate branco em pedaços

150ml de creme de leite fresco

800g de cream cheese em temperatura ambiente

4 ovos

150g de amoras frescas

Rendimento: 10 unidades

Preaqueça o forno a 150º.

Você vai precisar de uma fôrma de fundo removível de 23cm de diâmetro. O cheesecake vai ser assado em banho-maria. Para evitar que entre água na fôrma, dobre um pedaço grande de papel-alumínio, formando um quadrado de aproximadamente 45 x 45cm, coloque a fôrma no centro do quadrado e embrulhe toda a sua parte exterior. Esse processo vai vedar a fôrma.

Unte a fôrma com manteiga, forre com papel-manteiga e então unte novamente. Enfarinhe toda a fôrma com os biscoitos triturados e leve à geladeira. Derreta o chocolate branco com o creme de leite em banho-maria e reserve. Em uma tigela, coloque o cream cheese e os ovos e bata com a batedeira elétrica até ficar cremoso. Acrescente o chocolate branco derretido e bata novamente. Retire a fôrma da geladeira, coloque nela metade da mistura de cheesecake e espalhe metade das amoras por cima. Cubra as amoras com a outra metade da mistura e coloque as amoras restantes sobre essa mistura. Leve a fôrma em banho--maria ao forno preaquecido. Asse durante 1h a 1h30. Retire do forno, espere esfriar completamente e leve à geladeira por no mínimo 8 horas.

BOLO DE MAÇÃ DA SYLVIA

Esta receita é uma singela homenagem à adorável amiga Sylvia Elias, mãe de Ruth Rogers. Morei por 15 anos na casa de Ruth e Richard Rogers, e Sylvia morava no apartamento abaixo. Ela era incrível, sempre aberta para o novo, lendo seus livros, indo ao teatro, uma pessoa muito ativa. Sylvia me inspirou muito na vida. Infelizmente, ela não está mais entre nós, porém sempre trago comigo as doces lembranças de sua convivência conosco. Saudades, minha querida Sylvia.

200g de manteiga sem sal em temperatura ambiente

200g de açúcar

2 ovos

230ml de creme azedo ou iogurte natural

1 colher de chá de essência de baunilha

1 colher de sopa de suco de laranja

250g de farinha de trigo

1 colher de chá de fermento em pó

1 colher de chá de bicarbonato de sódio

1 pitada de sal

Recheio

2 maçãs com casca e sem sementes, cortadas em fatias bem finas

120g de açúcar mascavo

1 colher de chá de canela em pó

100g de nozes bem picadas

Rendimento: 10 porções

Preaqueça o forno a 180º.

Usar uma fôrma de fundo removível de 23cm untada com manteiga e coberta por papel-manteiga também untado com manteiga.

Em uma tigela, coloque o açúcar e a manteiga e bata com uma batedeira elétrica até ficar cremoso. Adicione os ovos, o creme azedo ou iogurte natural, a essência de baunilha e o suco de laranja e bata bem. Acrescente aos poucos a farinha de trigo, o fermento, o bicarbonato e o sal e continue batendo até misturar bem.

Para o recheio, coloque todos os ingredientes em uma tigela, misture bem e reserve.

Despeje metade da mistura de bolo na fôrma e cubra com metade do recheio. Coloque o restante da massa sobre o recheio e, por fim, disponha o que sobrou do recheio sobre toda a superfície do bolo. Leve ao forno por 1 hora. Faça o teste do palito para verificar se está pronto. Retire do forno e deixe esfriar completamente.

BOLO DE LARANJA SEFARDITA

A laranja chegou à Península Ibérica por meio da invasão dos mouros, vindos do norte da África. Com o passar do tempo, desenvolveu-se no sul da Espanha um forte comércio de frutas cítricas, principalmente da laranja. Muito usadas nas receitas judias, laranjas estão presentes na celebração da *Pessach* pelos judeus sefarditas com o bolo de laranja sefardita. Esta receita não contém glúten nem lactose, pois não usaremos leite nem farinha de trigo.

2 laranjas

300g de açúcar

6 ovos inteiros

250g de farinha de amêndoa

1 colher de chá de fermento em pó

Rendimento: 10 porções

Preaqueça o forno a 160º.

Você precisará de uma fôrma redonda com fundo removível de 20cm de diâmetro, untada com óleo, forrada com papel-manteiga e untada novamente.

Em uma panela, coloque as laranjas e cubra-as com água. Leve ao fogo baixo e deixe cozinhar por 2 horas, acrescentando mais água, se necessário. Apague o fogo, escorra a água e deixe as laranjas esfriarem completamente. Este processo pode ser realizado no dia anterior, para ganhar tempo.

Corte as laranjas em pedaços e retire apenas as sementes. Coloque no liquidificador ou no processador e triture bem. Acrescente o açúcar e os ovos e triture novamente até obter um creme. Retire o creme do processador ou liquidificador e coloque-o em uma tigela. Adicione a farinha de amêndoa e misture bem com uma espátula. Acrescente o fermento e mexa bem para incorporar. Coloque a mistura na fôrma e leve ao forno por 1 hora. Faça o teste do palito antes de retirar o bolo do forno. Deixe esfriar completamente antes de desenformar.

BOLO DE ABÓBORA DA TIA LEANNE

Este bolo de abóbora e frutas secas é uma receita de família. Quem me ensinou a prepará-la foi Elizabeth Holland, minha sogra, que a aprendeu, por sua vez, de sua cunhada Leanne. O bolo é uma delícia e ideal para acompanhar o chá da tarde ou um delicioso café.

225g de manteiga sem sal em temperatura ambiente

185g de açúcar

250g de abóbora cozida e amassada

2 ovos inteiros

365g de farinha de trigo

1 colher de café de fermento em pó

375g de frutas secas picadas (podem ser frutas cristalizadas, uvas-passas, ou outra fruta que preferir)

1 colher de café de essência de baunilha

Rendimento: 8 porções

Preaqueça o forno a 150º.

Você vai precisar de uma fôrma retangular, de bolo inglês, untada, forrada com papel-manteiga e untada novamente.

Descasque as abóboras, corte-as em pedaços e cozinhe até ficarem macias. Escorra e passe por um espremedor de batatas. Em uma tigela, coloque a manteiga e o açúcar e bata bem com uma batedeira elétrica, até ficar cremoso. Acrescente a abóbora e os ovos e bata novamente. Desligue a batedeira e acrescente a farinha, o fermento, as frutas secas e a essência de baunilha. Misture bem usando uma espátula. Coloque na fôrma e leve ao forno por 1 hora. Com um palito, espete o centro do bolo para saber se está pronto. Quando o palito sair seco, significa que o bolo está assado. Retire o bolo do forno e espere esfriar completamente antes de removê-lo da fôrma.

BOLO DE CENOURA COM NOZES

Bolo de origem suíça que se popularizou na Inglaterra durante a Segunda Guerra Mundial e nos Estados Unidos durante os anos 1960, com uma cobertura de cream cheese. Esta receita de bolo de cenoura é um pouco diferente daquelas feitas no liquidificador. É mais leve, com uma textura interessante e cobertura de cream cheese. Ideal para festas infantis.

Massa do bolo

300g de farinha de trigo

1 colher de chá de fermento em pó

½ colher de chá de bicarbonato de sódio

1 colher de chá de canela em pó

¼ colher de chá de noz-moscada

1 pitada de sal

300g de açúcar

350g de cenoura descascada e ralada (no ralo grosso)

250ml de óleo vegetal

4 ovos

1 colher de chá de essência de baunilha

80g de uvas-passas

50g de nozes picadas

Casca de 1 laranja ralada, para decorar a cobertura

Cobertura

300g de cream cheese em temperatura ambiente

100g de manteiga sem sal em temperatura ambiente

150g de açúcar de confeiteiro peneirado (não temperado)

Rendimento: 10 porções

Preaqueça o forno a 160º.

Você vai precisar de três fôrmas de 20cm de diâmetro untadas, forradas com papel-manteiga e untadas novamente.

Massa do bolo

Em uma tigela, adicione a farinha, o fermento, o bicarbonato, a canela, o sal e o açúcar e misture bem. Em outra tigela, adicione a cenoura, o óleo, os ovos, a essência de baunilha, as uvas-passas e as nozes. Misture bem até obter um creme. Adicione esse creme na tigela dos ingredientes secos e misture bem com uma colher de pau.

Divida a mistura entre as três fôrmas e leve ao forno por 30 a 40 minutos. Retire do forno e deixe esfriar completamente antes de remover os bolos das fôrmas.

Cobertura

Em uma tigela, coloque o cream cheese, a manteiga e o açúcar. Bata com a batedeira elétrica até obter um creme.

Ponha um dos bolos na travessa em que será servido e cubra-o com um pouco do creme da cobertura. Coloque o segundo bolo sobre o primeiro e cubra com o creme. Repita o processo com o terceiro bolo. Salpique a casca da laranja ralada na superfície e sirva.

BOLO DE *COCO* COM RECHEIO DE LIMÃO E *COBERTURA DE* MERENGUE ITALIANO

Minha mãe sempre fazia bolo de coco quando eu era criança. A receita que ela usava era um pouco diferente da minha, mas, mesmo assim, me sinto transportado àquele tempo da cozinha impregnada com o delicioso cheiro do bolo.

400g de açúcar

225g de manteiga sem sal em temperatura ambiente

200ml de leite de coco

6 ovos

100g de coco ralado

250g de farinha de trigo enriquecida com fermento

1 colher de chá de fermento em pó

Recheio

3 limões Tahiti

60g de açúcar

4 gemas (reserve as claras para a cobertura)

1 colher de sopa de amido de milho (maisena)

60g de manteiga sem sal em temperatura ambiente

Cobertura

4 claras em neve

1 pitada de cremor de tártaro

200ml de água

200g de açúcar

Rendimento: 8 a 10 porções

Preaqueça o forno a 180°.

Unte três fôrmas redondas de 20cm de diâmetro com manteiga. Forre-as com papel-manteiga e unte-as novamente.

Coloque em uma tigela o açúcar e a manteiga. Utilizando uma batedeira elétrica, bata até ficar cremoso. Acrescente o leite de coco e bata mais um pouco. Acrescente os ovos, um de cada vez, batendo sempre.

Desligue a batedeira e, com uma espátula, misture o coco ralado, a farinha de trigo enriquecida com fermento e o fermento em pó. Misture bem até incorporar. Distribua a massa entre as três fôrmas e leve ao forno por 30 a 40 minutos, até dourar. Faça o teste do palito antes de retirar do forno. Retire e deixe esfriar completamente.

Recheio

Rale a casca dos 3 limões com um ralador fino e extraia seu suco. Coloque a raspa e o suco em uma panela e adicione o açúcar, as gemas e a maisena. Com um batedor de arame, misture bem. Leve a panela ao fogo baixo, mexendo sempre com o batedor de arame, até formar um mingau bem grosso. Retire do fogo, adicione a manteiga sem sal, misture bem e deixe esfriar completamente.

Cobertura

Em uma panela, coloque a água e o açúcar e misture bem. Leve ao fogo baixo até a calda atingir o ponto de fio (para testar se está no ponto certo, coloque um pouco da calda em um copo com água; se aparecerem fios, está no ponto. Ou verifique em um termômetro de cozinha até atingir 120°).

Enquanto prepara a calda, em uma tigela à parte, bata as claras com o cremor de tártaro até o ponto de neve. Com a batedeira ligada quando a calda, ainda quente, estiver pronta, adicione-a lenta e cuidadosamente às claras e continue batendo por mais 5 minutos até que a mistura esfrie um pouco. Reserve.

Montagem

Desenforme os três bolos e coloque o primeiro na travessa em que será servido. Cubra-o com metade do recheio de limão. Ponha o segundo bolo em cima do primeiro e cubra-o com o restante do recheio de limão. Coloque o terceiro bolo em cima do segundo e cubra-o totalmente com o merengue italiano. Com um maçarico de cozinha, doure cuidadosamente toda a superfície do bolo.

BOLO DE SUSPIRO DE AMÊNDOAS, CREME DE MASCARPONE E MORANGO

A primeira vez que preparei este bolo foi para a festa de casamento de Lucy e Charles. Lucy é filha da falecida Rose Gray, uma das fundadoras do River Cafe em Londres. Lembro-me bem de ter passado o dia todo assando placas e mais placas de suspiro de amêndoas na preparação do bolo para mais de cem pessoas. Na ocasião, utilizei a receita do próprio River Cafe.

3 claras de ovo

120g de açúcar

100g de farinha de amêndoa

35g de farinha de trigo

50g de manteiga derretida

Açúcar de confeiteiro, para decorar

Recheio

200ml de creme de leite fresco

250g de mascarpone

1kg de morangos lavados e cortados ao meio

Rendimento: 8 a 10 porções

Preaqueça o forno a 120º.

Unte duas fôrmas com manteiga, forre-as com papel-manteiga e unte-as novamente. Desenhe dois círculos de 20cm de diâmetro em cada fôrma.

Coloque as claras em uma tigela e, com o auxílio de uma batedeira elétrica, bata em ponto de neve, acrescentando o açúcar aos poucos. Quando atingir o ponto de neve bem firme, desligue a batedeira. Adicione a farinha de amêndoa e a farinha de trigo, misturando gentilmente com uma colher de metal, sem bater. Por último, acrescente a manteiga derretida e misture bem. Divida a mistura entre os quatro círculos e espalhe com a espátula. Leve ao forno por volta de 1 hora a 1h10. Retire do forno e imediatamente remova as placas do papel-manteiga. Os quatro círculos são bem frágeis. Tome cuidado para não quebrar.

Recheio

Bata o creme de leite com açúcar em ponto de chantilly, acrescente o mascarpone e misture bem.

Atenção: o bolo deve ser montado logo antes de ser servido.

Coloque o primeiro círculo na travessa em que será servido e cubra com ¼ do recheio e ¼ dos morangos. Coloque outro círculo no topo do primeiro e repita o processo até o último círculo. Decore com morangos e termine polvilhando açúcar de confeiteiro.

Lamingtons

BOLOS PEQUENOS E PEDAÇOS

LAMINGTONS

Na primeira vez que fui à Austrália, experimentei uma fatia do bolo Lamington e me apaixonei. Adoro a combinação de coco e chocolate, pois me lembro de quando comia o bombom Prestígio na infância.

O bolo Lamington foi servido pela primeira vez no final do século XIX, na casa do governador de Queensland, o barão de Lamington. Os convidados eram europeus em sua maioria; após provarem o bolo, ficaram encantados e pediram a receita a Lady Lamington, esposa do barão. Naquela época não era comum usar coco no preparo de sobremesas no Reino Unido.

Para obter o melhor resultado, prepare o bolo um dia antes de ser servido.

200g de manteiga sem sal em temperatura ambiente

230g de açúcar

1 colher de chá de essência de baunilha

4 ovos inteiros

120ml de leite fresco

350g de farinha de trigo

1 ½ colher de chá de fermento em pó

300g de coco seco ralado (para a cobertura)

Mistura de chocolate

500g de açúcar de confeiteiro

100g de cacau em pó

150ml de leite fresco

20g de manteiga sem sal em temperatura ambiente

Rendimento: 15 porções

Preaqueça o forno a 180º.

Unte com manteiga uma fôrma retangular de aproximadamente 20 x 30cm, forre com papel-manteiga e unte novamente.

Em uma tigela, coloque a manteiga, o açúcar, a essência de baunilha e bata usando uma batedeira elétrica, até ficar cremoso. Adicione os ovos, um de cada vez, e continue batendo. Acrescente alternadamente o leite e a farinha de trigo. Por fim, adicione o fermento e misture bem com uma espátula.

Coloque a mistura na fôrma previamente untada e leve ao forno por 25 a 30 minutos, até ficar dourado. Retire do forno e deixe esfriar completamente. Corte o bolo em quadrados de 5 x 5cm e reserve para finalizar a receita no dia seguinte, preferencialmente.

Cobertura

Coloque o coco ralado em uma travessa. Reserve.

Peneire o açúcar de confeiteiro e o cacau em uma panela. Adicione o leite e a manteiga e leve ao fogo baixo. Misture até obter um creme homogêneo. Retire do fogo e deixe esfriar um pouco.

Agora, com a ajuda de dois garfos, mergulhe cada quadrado do bolo previamente preparado na mistura de chocolate. Imediatamente, ponha os quadrados na travessa e passe o coco ralado por todos os lados. Coloque em uma grade e espere 1 hora antes de servir.

MUFFINS DE FIGO

Não há nada mais gratificante do que oferecer aos seus amigos um muffin bem quentinho que acabou de sair do forno. Use figos ou frutas da época ou da região e acrescente nozes. Muffins salgados, por que não? Explore sua imaginação. As crianças podem ajudar no preparo.

260g de farinha de trigo

150g de açúcar

2 colheres de chá de fermento em pó

1 pitada de sal

1 ovo inteiro, ligeiramente batido

200ml de leite fresco

60g de manteiga sem sal derretida

1 colher de café de essência de baunilha

6 figos maduros picados

Rendimento: 12 porções

Preaqueça o forno a 180º.

Para ter um toque só seu, faça você mesmo as forminhas de papel. É muito fácil: corte um quadrado de 18 x 18cm de papel-manteiga. Unte a fôrma de muffin com manteiga sem sal e coloque um quadrado em cada cavidade da fôrma, pressionando-o para dentro e formando uma espécie de copinho.

Em uma tigela, coloque a farinha de trigo, o açúcar, o fermento em pó e a pitada de sal e misture bem com uma colher de pau. Em outro recipiente, coloque o ovo batido, o leite, a manteiga derretida e a essência de baunilha. Misture bem. Adicione os ingredientes líquidos aos secos e misture delicadamente. Não há necessidade de misturar muito. Acrescente metade dos figos e mexa. Deixe a outra metade para decorar. Distribua a mistura nas forminhas de muffins com papel-manteiga, coloque o restante dos figos sobre a mistura e leve ao forno preaquecido por 20 a 30 minutos, até dourar. Retire do forno e espere esfriar completamente antes de desenformar os muffins.

BROWNIES

Esta é minha adaptação de uma receita que aprendi em uma delicatéssen londrina na qual trabalhei há muitos anos. Os brownies eram vendidos em pedaços como água no deserto.

Este brownie tem uma textura meio grudenta no interior e uma casquinha bem fina na superfície.

A qualidade do chocolate é essencial. Recomendo usar um com 70% de cacau, no mínimo.

250g de chocolate 70% de cacau em pedaços

250g de manteiga sem sal em temperatura ambiente

500g de açúcar

6 ovos inteiros

75g de farinha de trigo

40g de cacau em pó (mais um pouco extra, para decorar os brownies)

Rendimento: 12 porções

Preaqueça o forno a 160º.

Unte uma fôrma retangular de 20 x 30cm com manteiga, forre com papel-manteiga e unte mais uma vez. Deixe sobras de 2cm de papel de cada lado, para facilitar a retirada da fôrma.

Coloque o chocolate em pedaços e a manteiga em banho-maria em uma vasilha leve ao fogo médio. Quando o chocolate e a manteiga derreterem totalmente, misture bem com uma espátula. Retire a vasilha do banho-maria e deixe esfriar um pouco. Em uma tigela, coloque o açúcar e os ovos inteiros e, com uma batedeira elétrica, bata até dissolver o açúcar. Atenção: não é necessário bater por muito tempo.

Com a batedeira ligada, acrescente a mistura de manteiga e chocolate aos poucos, batendo sempre. Desligue a batedeira. Peneire a farinha de trigo e o cacau em pó com uma peneira fina e adicione a mistura de chocolate. Mexa bem com uma espátula.

Coloque na fôrma já untada e leve ao forno preaquecido por 30 a 40 minutos. Retire do forno e espere esfriar completamente antes de retirar os brownies da fôrma. Corte em pedaços retangulares e polvilhe a superfície dos brownies com cacau em pó.

CUPCAKES

Os cupcakes viraram uma febre em todo o mundo após as personagens da série de TV *Sex and the City* visitarem a Magnolia Bakery, em Nova York. Muitas pessoas se preocupam mais com a decoração dos cupcakes do que com o bolinho em si, mas prefiro deixar a decoração por conta da sua criatividade. Minha amiga Patty, de Los Angeles, foi quem me deu esta receita, que tenho usado por mais de 15 anos. Ainda tenho o pequeno papel no qual ela a escreveu e o guardo com muito carinho.

400g de farinha de trigo

1 pitada de sal

5 ovos

400g de açúcar

350g de manteiga sem sal em temperatura ambiente

1½ colher de chá de essência de baunilha

125ml de leite

125ml de creme de leite fresco

1 colher de chá de fermento em pó

1 colher de café de bicarbonato de sódio

Cobertura

150g de manteiga sem sal em temperatura ambiente

450g de açúcar de confeiteiro peneirado

3 ou 4 colheres de sopa de leite

Colorante artificial comestível de sua preferência

Rendimento: 24 porções

Massa

Preaqueça o forno a 180º.

Coloque as forminhas de papel nas fôrmas de muffins e reserve. Coloque todos os ingredientes em uma tigela e bata bastante, até obter uma massa homogênea. Insira nas forminhas e leve ao forno por 20 a 25 minutos, até dourar. Retire do forno, mas tenha atenção: deixe esfriar completamente antes de decorar.

Cobertura

Coloque a manteiga e o açúcar de confeiteiro na batedeira elétrica. Comece a bater, adicionando o leite. Por fim, adicione o corante. Exercite sua criatividade na decoração utilizando cores, formas e desenhos diferentes.

MADELEINES DE LARANJA

Madeleine é uma receita francesa clássica. O molde usado para assar a madeleine tem o formato de uma concha marinha, o que caracteriza este bolinho. A madeleine ficou ainda mais famosa depois de o escritor francês Marcel Proust dizer que comer madeleines com chá o lembrava imediatamente de sua infância. Isso ficou conhecido como memória involuntária. Assim como Proust já sabia, madeleines são ideias para serem apreciadas com chá ou café no fim de tarde.

150g de manteiga sem sal (mais um pouco extra, para untar as forminhas)

3 ovos

150g de açúcar

150g de farinha de trigo (mais um pouco extra, para enfarinhar as fôrmas)

1 colher de chá de fermento em pó

Suco e casca ralada em ralo fino de 1 laranja

Açúcar de confeiteiro para decorar

Rendimento: 12 porções

Preaqueça o forno a 200º.

Unte as forminhas de madeleine, enfarinhe e reserve. Coloque a manteiga em uma panela e leve ao fogo baixo até derreter completamente. Reserve. Com uma batedeira elétrica, bata o açúcar, os ovos, a farinha, o fermento, a casca, o suco de laranja e, por fim, acrescente a manteiga derretida. Bata bem. Cubra com um filme plástico e leve à geladeira por pelo menos 30 minutos. Retire da geladeira e distribua nas forminhas pré-untadas. Leve ao forno por 8 a 10 minutos, até dourar.

Quando assada, a madeleine vai formar uma "corcunda" na parte superior. Isso indica que foi bem-feita. Deixe esfriar e retire das forminhas.

FINANCIERS

Por volta de 1890, perto da Bourse de Paris, o centro financeiro da cidade, um chefe de pastelaria chamado Lasne criou este pequeno bolo em formato de barra de ouro, algo bem sugestivo para o nome financier. A pastelaria, localizada na rue Saint Denis, atraía os executivos da bolsa, que compravam o pequeno bolo e saíam correndo para os escritórios. Hoje em dia existem diferentes sabores, como pistache, avelã e frutas vermelhas, mas o original é feito com farinha de amêndoa e manteiga dourada — *beurre noisette*. Caso não encontre as fôrmas retangulares do financier, utilize fôrmas de empadinhas.

120g de manteiga sem sal em temperatura ambiente (mais um pouco para untar as fôrmas)

170g de açúcar de confeiteiro

80g de farinha de amêndoa

40g de farinha de trigo (mais um pouco para enfarinhar as fôrmas)

1 pitada de sal

4 claras de ovos em temperatura ambiente

Rendimento: 12 porções

Preaqueça o forno a 170º.

Unte as fôrmas com manteiga e farinha, enfarinhe e reserve.

Em uma panela, coloque a manteiga e leve ao fogo baixo até ficar com uma cor ligeiramente dourada. Alguns resíduos escuros serão formados no fundo da panela. Com o auxílio de uma peneira bem fina, coe e descarte os resíduos. Com este procedimento, você obtém a *beurre noisette*.

Em uma tigela, peneire o açúcar de confeiteiro, a farinha de amêndoa, a farinha de trigo e a pitada de sal. Misture bem com uma espátula.

Em outro recipiente, bata as claras por 1 minuto e acrescente aos ingredientes secos. Misture-os cuidadosamente com uma espátula. Por último, adicione a manteiga derretida e misture bem. Cubra com filme plástico e leve à geladeira por 30 minutos.

Retire da geladeira, coloque nas fôrmas e leve ao forno por 12 a 15 minutos, até dourar. Retire do forno e espere esfriar completamente antes de desenformar.

MINIBOLOS DE BANANA

A banana é uma fruta originária da Ásia e muitos acreditam que o nome seja derivado da palavra árabe *banan*, que significa "dedo". No Brasil, a variedade mais famosa é a nanica. Na Inglaterra, a banana-nanica foi cultivada em estufa e é chamada de Cavendish, em homenagem a William Cavendish — sexto duque de Devonshire, responsável por essa feliz ideia. Coincidentemente, cozinho para um de seus descendentes, que também se chama William Cavendish e será o 13º duque de Devonshire.

120g de açúcar

125g de manteiga sem sal em temperatura ambiente

2 ovos

200g de farinha de trigo enriquecida com fermento

2 bananas maduras, amassadas com garfo

1 colher de café de canela em pó

1 banana madura para decorar

Rendimento: 12 porções

Preaqueça o forno a 180º.

Você vai precisar de 8 minifôrmas untadas com manteiga e enfarinhadas. Caso prefira, use uma fôrma de bolo inglês inteira. O procedimento é o mesmo.

Em uma tigela, coloque o açúcar e a manteiga e bata bem com a batedeira elétrica. Acrescente os ovos e bata mais um pouco até incorporar. Desligue a batedeira. Acrescente a farinha de trigo com fermento e misture com uma espátula. Adicione as bananas amassadas e a canela. Mexa bem com a espátula, até obter uma mistura homogênea. Coloque a mistura nas forminhas e decore com rodelas de banana na superfície. Leve ao forno por 20 a 30 minutos. Retire do forno e espere esfriar completamente para desenformar.

KOUGLOF

O kouglof é muito tradicional na Alemanha, na Áustria e na França, principalmente nas regiões da Alsácia e da Lorena. Estrasburgo foi onde provei os melhores bolos kouglof. Depois de assado, este bolo fica parecido com um turbante, devido ao formato da fôrma utilizada no preparo (redonda com um buraco no meio).

Algumas receitas utilizam amêndoas para decorar, outras um pouco de quirche. O kouglof não é muito doce, por isso é ótimo para ser servido acompanhado de geleia ou de mel.

250g de farinha de trigo

50g de açúcar

100g de manteiga em temperatura ambiente

2 ovos batidos

100g de uvas-passas, preferencialmente brancas

100ml de leite morno

12g de fermento de pão seco

1 colher de sopa de açúcar de confeiteiro para decorar

Rendimento: 4 porções

Preaqueça o forno a 180º.

Unte 4 minifôrmas de kouglof com manteiga e, em seguida, enfarinhe-as.

Coloque o leite morno em uma vasilha pequena, adicione o fermento e misture bem, até diluir completamente. Em uma tigela, coloque a farinha, o açúcar, a manteiga, os ovos batidos, as uvas-passas e o leite com fermento. Utilizando uma batedeira elétrica, coloque o batedor de massas e bata até a massa ficar homogênea. Ela pode ser batida com uma colher de pau, se você preferir.

Cubra a tigela com um filme plástico e deixe em um lugar morno durante 1 hora, para a massa crescer. Após esse tempo, misture a massa com uma colher de pau. Ela vai perder volume, mas não se preocupe, o processo é assim mesmo.

Divida a massa em quatro partes e coloque nas minifôrmas já preparadas. Deixe a massa crescer novamente por 30 minutos. Leve ao forno por 20 a 30 minutos, até ficar dourada. Retire do forno e deixe esfriar completamente. Com uma peneira fina, polvilhe o açúcar de confeiteiro.

PEDAÇOS DE COCO COM GELEIA DE FRAMBOESA

Uma excelente pedida para festas infantis! Este tipo de bolo em pedaços é tradicional na Austrália. Você pode usar a geleia de sua preferência.

Massa da base

120g de farinha de trigo

60g de açúcar

1 pitada de sal

125g de manteiga sem sal, gelada e cortada em cubos

1 gema de ovo

Cobertura de coco

160g de coco ralado seco

100g de açúcar

1 clara batida

Geleia de framboesa ou outra geleia de sua preferência

Rendimento: 20 porções

Preaqueça o forno a 180º.

Você precisará de uma fôrma retangular de 20 x 30cm untada com manteiga, forrada com papel-manteiga e untada novamente. Deixe uma sobra de papel-manteiga nas bordas da fôrma, para facilitar na hora de desenformar o bolo.

Em uma tigela, coloque a farinha, o açúcar e o sal e misture bem. Em seguida, acrescente a manteiga e, utilizando a ponta dos dedos, trabalhe até obter uma consistência de farofa. Acrescente a gema e continue trabalhando com os dedos até a massa ficar lisa. Embrulhe em filme plástico e leve à geladeira por 1 hora.

Retire a massa da geladeira e, usando um ralo grosso, rale a massa na base da fôrma. Com as pontas dos dedos, espalhe a massa, preenchendo todos os espaços. Veja o procedimento na página 61. Leve ao congelador por 30 minutos.

Em uma vasilha, coloque o coco ralado e o açúcar e misture. Acrescente a clara ligeiramente batida e misture bem. Retire a fôrma com a massa do congelador e cubra com a geleia. Espalhe a mistura de coco sobre a geleia e leve ao forno preaquecido por 25 a 30 minutos. Retire do forno e espere esfriar completamente. Desenforme e corte em fatias.

PEDAÇOS DE BAUNILHA COM AMEIXA PRETA SECA

Esta é uma variação bem simplificada da receita francesa clássica do mil-folhas. O bolo de baunilha com ameixa preta é muito popular na Austrália. Eu uso a vagem de baunilha, mas se você não encontrar, pode usar a essência de baunilha. Para melhor resultado, faça essa receita no dia anterior e deixe descansar a noite toda na geladeira.

Massa folhada

Veja a receita de massa folhada na página 59. Você vai precisar de um pouco de farinha de trigo para abrir a massa.

Creme

400ml de creme de leite fresco

300ml de leite fresco

200g de açúcar e mais um pouco para polvilhar a massa

6 gemas

100g de amido de milho (maisena)

1 vagem de baunilha ou 2 colheres de chá de essência de baunilha

60g de manteiga sem sal em temperatura ambiente

125g de ameixa preta seca (deixar de molho em uma xícara com água durante 1 hora)

Açúcar de confeiteiro para decorar

Rendimento: 12 porções

Preaqueça o forno a 200º.

Você vai precisar de 2 fôrmas planas de 40 x 30cm e uma fôrma quadrada de 20 x 20cm, untada com manteiga, forrada com papel-manteiga e untada novamente. Deixe sobras de papel-manteiga nas laterais da fôrma, pois isso facilitará a retirada do bolo depois de pronto.

Retire a massa folhada da geladeira e, em uma superfície enfarinhada, abra com um rolo um retângulo de 40 x 30cm. Unte com manteiga uma das fôrmas, forre com papel-manteiga e unte novamente. Coloque a massa folhada aberta dentro da fôrma preparada, cubra com outro pedaço de papel-manteiga e coloque a outra fôrma em cima, fazendo peso. Isso serve para evitar que a massa cresça muito. Leve ao forno preaquecido por 15 minutos. Retire do forno e cuidadosamente remova a fôrma de cima, assim como o papel-manteiga. Polvilhe o açúcar por toda a superfície da massa folhada e retorne ao forno até dourar. Retire do forno e deixe esfriar completamente. Corte a massa folhada em duas placas do exato tamanho da fôrma quadrada e reserve.

Creme

Em uma panela, coloque o creme de leite e o leite. Reserve. Em outro recipiente, coloque o açúcar, os ovos e a maisena e bata bem com o batedor de arame, até formar um creme liso. Coloque esse creme na panela com o creme de leite e misture bem. Acrescente a baunilha. Se você usar a vagem, abra-a ao meio com uma faca e raspe as sementes dentro da panela. Adicione também a casca da vagem de baunilha. Leve ao fogo médio, mexendo sempre com o batedor de arame até obter um mingau bem grosso.

BOLOS PEQUENOS E PEDAÇOS **53**

Retire do fogo, adicione a manteiga, mexa bem e deixe esfriar um pouco. Coloque a primeira placa no fundo da fôrma quadrada e, em seguida, metade do creme. Retire as ameixas da água e esprema um pouco para retirar o excesso de água. Corte-as ao meio e espalhe sobre o creme. Cubra com o restante do creme e coloque por cima a outra placa da massa folhada, fazendo um pouco de pressão, mas com muito cuidado. Cubra com filme plástico e leve à geladeira por no mínimo 6 horas. O ideal é que fique na geladeira durante toda a noite. Retire da geladeira, desenforme e polvilhe açúcar de confeiteiro por cima. Corte em quadrados.

TORTAS

MASSA FOLHADA RÚSTICA

150g de farinha de trigo

1 pitada de sal

150g de manteiga sem sal, congelada e cortada em cubos pequenos

60ml de água bem gelada

1 colher de café de suco de limão-siciliano

Peneire a farinha e o sal em um recipiente. Coloque a manteiga congelada e trabalhe com os dedos até formar uma "farofa" grossa. Adicione a água gelada e o suco de limão aos poucos e continue trabalhando com os dedos até formar uma massa compacta na qual seja possível ver os pedaços de manteiga. Em uma superfície enfarinhada, abra com o rolo um retângulo de mais ou menos 30 x 10cm. Dobre a parte inferior da massa para dentro, como se fosse uma carta comercial. Depois, dobre a parte superior por cima, formando um novo retângulo. Gire a massa 90 graus e abra novamente com o rolo um retângulo de aproximadamente 30 x 10cm. Cubra com um filme plástico e leve à geladeira por 30 minutos. Retire da geladeira. Repita este processo mais 2 vezes. Depois, cubra com filme plástico e leve à geladeira por no mínimo 1 hora antes de ser usada.

MASSA PARA TORTA DOCE

Esta massa será usada em quase todas as receitas de tortas e o processo de preparo é o mesmo.

250g de farinha de trigo

70g de açúcar de confeiteiro

150g de manteiga sem sal, gelada e cortada em cubos

2 gemas de ovo

Peneire a farinha e o açúcar de confeiteiro em um recipiente. Adicione os cubos de manteiga e trabalhe com os dedos até formar uma "farofa" grossa. Acrescente as gemas e continue trabalhando com os dedos até formar uma massa lisa. Cubra com um filme plástico e leve à geladeira por 1 hora. Retire da geladeira. Em uma fôrma de fundo falso, rale a massa em ralo grosso.

Usando a ponta dos dedos, forre toda a fôrma com a massa ralada, pressionando-a e distribuindo-a nas laterais e no fundo da fôrma. Você não usará toda a massa. O restante pode ser congelado. Leve a fôrma ao congelador por no mínimo 1 hora. Este processo pode ser feito até 48 horas antes de usá-la.

TORTA DE LIMÃO

Esta é uma das minhas tortas prediletas. É uma receita clássica, ideal para terminar bem um jantar. O sabor intenso do limão e a combinação de azedo e doce refrescam o paladar. Particularmente, sempre uso o limão-siciliano.

O limão já era conhecido pelos egípcios e pelos romanos na antiguidade. Há indícios de que eram cultivados nas partes baixas das montanhas do Himalaia.

Nas Américas, o limão chegou através de Cristóvão Colombo, primeiramente na América Central e depois nas do Norte e do Sul.

Massa

Siga as instruções de como preparar a massa na página 61.

Recheio

4 limões-sicilianos lavados

180g de açúcar

4 ovos inteiros

5 gemas

150g de manteiga sem sal em temperatura ambiente

Rendimento: 8 porções

Preaqueça o forno a 180º.

Eu usei uma fôrma quadrada para torta de 23 x 23cm, mas você pode usar uma fôrma de torta redonda de 23cm de diâmetro.

Tire a massa do congelador e leve diretamente ao forno preaquecido. Asse por aproximadamente 20 minutos até que a massa fique com uma cor dourada. Retire do forno e deixe esfriar.

Para fazer o creme de limão, rale os limões com um ralador bem fino, tomando cuidado para não ralar a parte branca e amarga. Esprema os 4 limões e coloque o suco e a casca ralada em uma panela. Acrescente o açúcar, as gemas, os ovos inteiros e, com a ajuda de um batedor de arame, misture todos os ingredientes. Leve ao fogo médio e continue mexendo sem parar, até obter um creme grosso. Atenção: é muito importante não parar de misturar, pois isso vai evitar que a mistura empelote. Após o creme atingir a consistência de um mingau, acrescente a manteiga e continue mexendo. Desligue o fogo e, ainda com o creme quente, passe-o por uma peneira fina. Distribua esse creme sobre a massa já assada e fria. Com a ajuda de uma faca ou espátula, espalhe a cobertura sobre a superfície. Eu termino esta torta usando o maçarico de cozinha para dar um efeito mais rústico, mas isso é opcional.

Deixe esfriar por no mínimo 2 ou 3 horas antes de servir, preferencialmente na geladeira.

TORTA DE NÊSPERA E AMÊNDOA

Mais conhecida como torta frangipane, a torta de nêspera e amêndoa é feita tradicionalmente com a combinação de amêndoa, açúcar e manteiga. Acredita-se que o nome frangipane tenha vindo de uma família nobre da região de Roma. Normalmente, utiliza-se pera ou ameixa vermelha, o que me faz relembrar minha infância, quando quase todas as casas tinham um pé de nêspera no jardim. Prefiro comprar as amêndoas sem casca, pois as trituro no processador de alimento, mas você pode utilizar a farinha de amêndoa pronta.

Massa

Veja a receita da massa na página 61.

Recheio

100g de açúcar

100g de manteiga sem sal em temperatura ambiente

100g de farinha de amêndoa

2 ovos inteiros

10 a 12 nêsperas lavadas e secas

Rendimento: 8 porções

Preaqueça o forno a 180°.

Esta massa será assada em duas etapas. Retire do congelador a massa já na fôrma e leve diretamente ao forno preaquecido. Asse por 12 a 15 minutos.

Retire e deixe esfriar. A massa vai estar com uma cor bem pálida, pois esse processo visa impermeabilizá-la.

Reduza o forno para 150°.

Usando uma batedeira elétrica, adicione o açúcar e a manteiga e bata até a mistura ficar cremosa. Acrescente a farinha de amêndoa e continue batendo. Adicione os ovos, um de cada vez, e bata até tudo ficar bem uniforme. Corte as nêsperas no sentido mais longo, retire os caroços e reserve. Sobre a massa previamente assada e fria, espalhe ⅓ da mistura, coloque as nêsperas com a cavidade para baixo e cubra com o restante da mistura. Leve ao forno por aproximadamente 45 a 50 minutos ou até dourar. Retire do forno e espere esfriar completamente antes de servir.

TARTE TATIN

A história da tarte Tatin começou com duas irmãs que moravam na região do vale do Loire, na França. Proprietárias de um hotel, Stéphanie e Caroline Tatin estavam preparando uma sobremesa com maçãs e deixaram assar por mais tempo do que o necessário. As maçãs caramelizaram um pouco mais, parecendo que haviam queimado. Então, as irmãs tiveram a ideia de cobrir as maçãs com uma massa, assar mais um pouco e servir invertida: com as maçãs em cima da massa. Assim foi inventada uma das tortas mais famosas do mundo, a tarte Tatin. Muitas receitas usam massas conhecidas, como a podre. Nós vamos usar massa folhada.

10 a 12 maçãs verdes

250g de açúcar

60g de manteiga sem sal

200g de massa folhada (veja como preparar a massa folhada na página 59)

Um pouco de farinha de trigo para abrir a massa

1 ovo batido

Rendimento: 8 porções

Preaqueça o forno a 220º.

Você vai precisar de uma frigideira de cerca de 22cm de diâmetro e com cabo de metal, que possa ser levada ao forno.

Descasque as maçãs e corte-as em 4 gomos, retirando as sementes. Reserve.

Na frigideira, coloque o açúcar e a manteiga. Leve ao fogo médio sem mexer, até criar uma consistência caramelizada/dourada. Cuidado para não deixar queimar.

Delicadamente, coloque a metade dos gomos das maçãs com a base mais larga para baixo, formando um círculo. Leve ao fogo médio e cozinhe até que as maçãs fiquem macias. Retire do fogo e coloque o restante dos gomos, assim como fez no passo anterior. Leve ao forno por cerca de 10 minutos, até ficarem ligeiramente macias. Esse processo resultará em maçãs macias e mais al dente. Retire do fogo e deixe esfriar completamente.

Abra a massa folhada o suficiente para cobrir a frigideira e deixar uma sobra de 2cm a 3cm na borda.

Cubra as maçãs com a massa folhada. A parte da massa que ultrapassou a borda da frigideira deve ser modelada para dentro, formando um círculo. Pincele a massa folhada com o ovo batido e leve ao forno por 20 a 25 minutos, até a massa ficar bem dourada. Retire do forno e deixe esfriar um pouco. Com muito cuidado, usando um pano de prato para segurar o cabo da frigideira, vire o conteúdo da frigideira em uma travessa. A tarte Tatin pode ser servida morna ou em temperatura ambiente, simples, com sorvete de baunilha ou com creme de leite fresco.

TORTA DE YORKSHIRE

Foi minha amiga Emma Smith quem me deu a receita da famosa torta de Yorkshire (custard tart), típica do condado de Yorkshire, localizado no norte da Inglaterra.

Nos últimos anos, tenho ido com frequência a Yorkshire, precisamente para Bolton Abbey — um dos lugares mais lindos que já visitei — para cozinhar na casa do lorde Burlington, futuro duque de Devonshire, e lady Burlington. Os Burlington convidam os amigos para os fins de semana e vão caçar. Tenho o privilégio de organizar todas as refeições para eles e a sorte de conhecer Emma Smith, pois ela me ensinou todos os segredos da produção das refeições do fim de semana de caça: o café da manhã, o lanchinho das 11 horas (chamado de *elevenses*), o piquenique que levam para os caçadores saborearem durante a caça, o chá das cinco e, claro, o jantar.

Massa

Siga as instruções de como preparar a massa na página 61.

Recheio

3 ovos

2 gemas

100g de açúcar

250ml de creme fresco

250ml de leite fresco

Noz-moscada

Rendimento: 8 porções

Preaqueça o forno a 180°.

Você precisará de uma fôrma de torta de fundo falso com 23cm de diâmetro.

Retire a fôrma com a massa do congelador, leve diretamente ao forno preaquecido e deixe durante 10 a 15 minutos para assar a massa. Retire do forno e deixe esfriar completamente.

Em uma tigela, coloque os ovos, as gemas e o açúcar. Bata com uma batedeira elétrica até ficar cremoso e reserve. Em uma panela, coloque o creme fresco e o leite e leve ao fogo médio até chegar perto de atingir a temperatura de fervura. Retire do fogo, adicione na tigela com os ovos batidos e misture bem. Coloque a mistura dentro da massa e retorne ao forno preaquecido por 25 a 30 minutos. O centro da torta vai parecer um pouco mole. Retire do forno e rale bastante noz-moscada, cobrindo toda a superfície da torta. Deixe esfriar completamente antes de servir. Bom apetite!

TORTA DE CHOCOLATE E CARAMELO

Chocolate com caramelo é uma combinação perfeita, uma indulgência deliciosa para terminar um jantar elegante.

Massa

200g de farinha de trigo

50g de açúcar de confeiteiro

100g de manteiga sem sal, cortada em cubos e gelada

2 colheres de sopa de cacau em pó

2 gemas de ovo

Caramelo

350g de açúcar

100ml de água

40ml de glucose de milho

120ml de creme de leite fresco

120g de manteiga sem sal em temperatura ambiente

1 pitada de sal

Cobertura de chocolate

200ml de creme de leite fresco

350g de chocolate com no mínimo 70% de cacau, cortado em pedaços

1 colher de sopa de glucose de milho

50g de manteiga sem sal

Rendimento: 8 porções

Preaqueça o forno a 180º.

Massa

Coloque todos os ingredientes em uma vasilha e misture. Acrescente os cubos de manteiga e, com as pontas dos dedos, misture até obter uma consistência de farofa. Acrescente as gemas e continue misturando, até formar uma massa lisa. Embrulhe em um filme plástico e leve à geladeira por pelo menos 2 horas. Retire a massa da geladeira e rale a massa com ralador grosso. Com as pontas dos dedos, modele a massa na fôrma. Veja o procedimento de modelar a massa na página 61.

Leve ao congelador por 30 minutos. Tire a massa do congelador, leve diretamente ao forno e deixe assar por 20 minutos. Retire do forno e deixe esfriar completamente.

Caramelo

Em uma panela, coloque o açúcar, a água e a glucose de milho. Leve ao fogo médio. Quando a calda se tornar dourada, quase escura, tome cuidado para não deixar queimar e retire do fogo. Cuidadosamente, para não derramar, acrescente o creme de leite aos poucos. Adicione também a manteiga aos poucos e, por fim, a pitada de sal. Misture bem e deixe esfriar um pouco.

Coloque o caramelo na massa assada e leve à geladeira por 1 hora.

Cobertura de chocolate

Em um panela, coloque o creme de leite e a glucose de milho. Leve ao fogo médio. Quando estiver quase levantando fervura, retire do fogo e acrescente o chocolate e a manteiga, misturando com uma espátula. Deixe esfriar um pouco. Retire da geladeira a massa já com o caramelo e cubra-a com o chocolate, espalhando bem. Leve a torta de volta à geladeira por no mínimo 3 horas. Retire da geladeira 30 minutos antes de servir e polvilhe cacau em pó por toda a superfície.

TORTA DE MASSA FOLHADA COM NECTARINA

Uma torta de preparo rápido, levando em conta que a massa folhada já estará preparada.

Na minha receita, vamos utilizar nectarina, mas você pode escolher outras frutas, como pêssego, figo e maçã.

200g de massa folhada (veja como preparar a massa folhada na página 59)

Um pouco de farinha de trigo, para abrir a massa

60g de farinha de amêndoa

8 a 10 nectarinas sem caroço, cortadas em gomos

3 colheres de sopa de açúcar para salpicar por cima das frutas

1 ovo batido com um pouco de leite

2 colheres de sopa de geleia de damasco

2 colheres de sopa de água

Rendimento: 8 porções

Preaqueça o forno a 220º.

Você precisará de uma fôrma retangular untada com manteiga.

Usando um rolo, abra a massa em uma superfície enfarinhada, formando um retângulo de cerca de 10 x 20cm. Ponha a massa sobre a fôrma untada. Dobre 1cm da borda da massa para dentro, formando uma espécie de moldura. Espalhe a farinha de amêndoa no centro da massa, coloque as nectarinas e salpique o açúcar. Pincele as bordas da massa com o ovo batido e leve ao forno preaquecido por 20 a 25 minutos, ou até a massa ficar bem dourada nas bordas. Retire do forno. Em uma panela, despeje a geleia e a água. Leve ao fogo médio até dissolver. Com um pincel de cozinha, pincele toda a torta com a geleia. Sirva morna ou em temperatura ambiente.

TORTA DE NOZES PECANS

Esta torta, muito famosa nos Estados Unidos, teve origem no estado do Texas, onde são produzidas as melhores nozes pecans. Tradicionalmente, ela é servida no Dia de Ação de Graças.

Para preparar a massa, siga as instruções da página 61.

250g de nozes pecans

150g de manteiga sem sal em temperatura ambiente

100g de açúcar mascavo

60ml de xarope de bordo (*maple syrup*) ou de glucose de milho

4 ovos batidos

1 colher de chá de baunilha

Rendimento: 8 porções

Preaqueça o forno a 180º.

Retire a massa do congelador e leve diretamente ao forno preaquecido por 12 a 15 minutos, assando a massa. Retire do forno e espere esfriar completamente.

Reduza a temperatura do forno para 160º. Use um processador de alimentos para triturar 150g de nozes pecans e reserve os 100g restantes para decorar a torta. Coloque em uma panela média as nozes pecans trituradas, a manteiga, o açúcar, o xarope de bordo, os ovos batidos e a baunilha. Leve ao fogo médio e utilize uma colher de pau para mexer até a mistura começar a borbulhar e engrossar. Retire do fogo e imediatamente coloque essa mistura sobre a massa previamente assada. Leve a massa de volta para o forno por 30 a 40 minutos. Retire do forno, decore com as nozes restantes e leve ao forno novamente por 5 minutos. Então, retire do forno e deixe esfriar em uma grade. Sirva em temperatura ambiente ou morna ou com sorvete de baunilha.

LINZERTORTE

Com o nome derivado da cidade de Linz, esta torta já era famosa na Áustria durante o período barroco. Há registros de receitas da linzertorte que datam de 1696, o que faz dela uma das tortas mais antigas do mundo.

200g de farinha de avelã ou de amêndoa

200g de farinha de trigo

130g de açúcar

1 colher de chá de canela em pó

1 colher de café de fermento em pó

200g de manteiga sem sal, gelada e cortada em pequenos cubos

3 gemas

Recheio

350g de geleia de framboesa ou da geleia de sua preferência

1 ovo batido com 1 colher de sopa de leite

Rendimento: 8 porções

Preaqueça o forno a 180º.

Você precisará de uma fôrma de torta de fundo falso com 23cm de diâmetro.

Em uma tigela, coloque a farinha de avelã, a farinha de trigo, o açúcar, a canela e o fermento. Misture bem. Acrescente a manteiga e, usando os dedos, misture os ingredientes até obter uma textura de farofa. Acrescente a gema e continue misturando os ingredientes até obter uma massa lisa. Enrole a massa com filme plástico e leve à geladeira por 1 hora.

Retire a massa da geladeira e divida-a ao meio. Rale metade da massa com um ralador grosso e, com os dedos, distribua no fundo e na lateral da fôrma. Veja o procedimento na página 61. Leve a fôrma ao congelador por 30 minutos.

Pegue a outra metade da massa e, com a ajuda de um rolo, abra-a sobre uma superfície enfarinhada em formato de círculo. O círculo deve ser maior do que o diâmetro da fôrma que você está usando. Corte a massa em tiras de 2cm de largura, para formar o xadrez sobre a torta. Retire a fôrma do congelador, coloque a geleia de framboesa, espalhando na base da torta, e por cima coloque as tiras na horizontal, deixando um pequeno espaço entre elas. Repita o mesmo processo colocando as tiras na vertical, formando um xadrez. Leve a fôrma à geladeira por 30 minutos. Retire da geladeira e pincele a massa em xadrez com o ovo batido no leite. Leve ao forno preaquecido e deixe assar por 30 a 40 minutos, até dourar. Retire do forno e deixe esfriar em temperatura ambiente. Sirva com creme chantilly.

MINITORTA ABERTA DE AMEIXA VERMELHA

Receita rústica e de preparo rápido, a minitorta também pode ser feita com outras frutas, como maçã, pêssego, nectarina, pera etc.

200g de farinha de trigo e um pouco a mais para abrir a massa

2 colheres de sopa de açúcar

1 pitada de sal

100g de manteiga sem sal, gelada e cortada em pequenos cubos

2 ou 3 colheres de sopa de água gelada

Recheio

10 a 12 ameixas vermelhas sem caroço e picadas

5 colheres de sopa de açúcar

1 ovo batido com 1 colher de sopa de leite

Rendimento: 4 porções

Preaqueça o forno a 180º.

Em uma tigela, coloque a farinha, o açúcar, a pitada de sal e a manteiga. Trabalhe os ingredientes com a ponta dos dedos até formar uma mistura com consistência de farofa. Acrescente aos poucos a água gelada até obter uma massa lisa. Enrole com filme plástico e leve à geladeira por 30 minutos, no mínimo. Retire a massa da geladeira. Em uma superfície enfarinhada, abra a massa com um rolo, deixando-a com 1cm de espessura, e corte-a em quatro círculos de cerca de 15cm de diâmetro. Leve os círculos à geladeira por 15 minutos.

Em um recipiente, coloque as ameixas picadas com 3 colheres de açúcar e reserve as 2 restantes para salpicar sobre a massa. Retire os círculos de massa da geladeira e divida o recheio em quatro partes. Coloque o recheio sobre a massa, deixando um espaço de 3cm livre na borda. Dobre a borda da massa de fora para dentro, quase cobrindo as frutas. Pincele somente a massa com o ovo batido e salpique as 2 colheres de açúcar por toda a torta. Leve ao forno por 30 minutos, até ficar dourada. Retire do forno e deixe esfriar. Sirva morna ou em temperatura ambiente.

Biscoitos de semolina do marroquino

BISCOITOS

BISCOITOS ANZAC

A história do biscoito Anzac tem início na Primeira Guerra Mundial, quando os soldados australianos e neozelandeses foram lutar na Europa. O nome Anzac é sigla para Australian and New Zealand Army Corps. Pelo correio, o biscoito era enviado para os soldados que lutavam no velho continente por suas mães, esposas, namoradas ou avós.

O fato de não haver ovos na receita facilitou o transporte dos biscoitos Anzac, pois os navios que saíam da Austrália e da Nova Zelândia para a Europa demoravam longos períodos no trajeto, tornando difícil a conservação de perecíveis.

A ausência de ovos no Anzac também foi influenciada pela escassez do produto na Oceania — muitos fazendeiros se alistaram para a Guerra, causando uma forte queda na produção da avicultura local. Eu conheci a receita do biscoito Anzac através de minha amiga Verity Best, com quem trabalhei em uma delicatéssen em Londres.

Na receita original, usa-se xarope de ouro — um xarope tipicamente inglês —, mas eu uso mel ou glucose.

70g de aveia

125g de farinha de trigo

90g de açúcar

60g de coco ralado seco

125g de manteiga sem sal

2 colheres de sopa de mel ou de glucose

1 colher de café de bicarbonato de sódio

2 colheres de sopa de água fervente

Rendimento: 18 a 20 unidades

Preaqueça o forno a 160º.

Unte uma fôrma retangular, coloque papel-manteiga e unte novamente.

Em uma tigela, coloque todos os ingredientes secos: aveia, farinha de trigo, açúcar e coco ralado. Misture bem.

Ponha a manteiga e o mel em uma panela pequena e dissolva-os lentamente, em fogo baixo.

Em outro recipiente, coloque o bicarbonato de sódio e a água fervente, misture e adicione-os imediatamente à panela com a manteiga derretida e o mel. Essa mistura formará uma espécie de espuma, que é justamente o efeito que procuramos. Junte imediatamente a mistura aos ingredientes secos e misture bem. Unte suas mãos com manteiga e forme circunferências do tamanho de bolas de golfe. Depois, coloque-as separadamente na fôrma e achate-as um pouco com as mãos. Leve ao forno durante 10 a 12 minutos, até que atinjam uma cor dourada. Retire do forno e transfira para uma grade para esfriar.

Os biscoitos podem ser guardados em um recipiente hermético por bastante tempo.

COOKIES DE CHOCOLATE

Dedico esta receita a Bo Rogers.

A primeira vez que preparei cookies foi na casa de Richard e Ruthie Rogers, onde trabalhei por 15 anos.

Um dos meus afazeres preferidos era buscar o pequeno Bo na escola. Na época, ele tinha apenas 7 anos. Muitas vezes, ao chegarmos na casa no final da tarde, Ruthie, Bo e eu fazíamos juntos os cookies. Era tudo muito divertido...

Bo sempre tomava a frente no preparo dos cookies e, claro, espalhava farinha de trigo por toda a cozinha — além do fato de que Bo comia metade da mistura antes mesmo de ela ir ao forno.

Desde pequeno, Bo mostrou-se muito interessado em cozinhar e já em tenra idade era detentor de um paladar incrivelmente sofisticado. Acho que Bo foi a única criança que já conheci que conseguia comer 24 escargots ao alho.

Hoje Bo não está mais conosco, mas o tempo que dividi com ele foi um dos mais deliciosos da minha vida. Muitas saudades, Bo.

125g de manteiga sem sal em temperatura ambiente

Um pouco a mais de manteiga para untar a assadeira

125g de açúcar

1 ovo

1 colher de chá de essência de baunilha

150g de farinha de trigo

1 colher de chá de bicarbonato de sódio

1 colher de chá de fermento em pó

100g de chocolate com 70% de cacau, picado em pedaços bem pequenos (como alternativa, use pingos de chocolate)

Rendimento: 20 porções

Preaqueça o forno a 180º.

Use uma fôrma retangular untada com manteiga, papel-manteiga e untada novamente.

Com a ajuda de uma batedeira elétrica, misture a manteiga e o açúcar até obter uma consistência cremosa. Acrescente o ovo e a essência de baunilha e continue batendo até misturar bem. Desligue a batedeira e, com a ajuda de uma espátula, misture aos poucos a farinha, o bicarbonato de sódio, o fermento em pó e o chocolate picado, até obter uma mistura homogênea e um pouco grudenta.

Agora, é mão na massa. Umedeça as mãos com um pouco de água fria e faça, com a massa, circunferências do tamanho de uma bola de golfe. Coloque-as separadas na assadeira previamente untada e achate-as um pouco com as mãos. Deixe um espaço entre elas, pois elas se espalham um pouco ao assar.

Leve a assadeira ao forno por 12 a 15 minutos, até os cookies ficarem dourados.

Retire do forno e espere esfriar um pouco. Depois coloque em uma grade para esfriar totalmente.

BISCOTTI DE AMÊNDOA E PISTACHE

Este é um biscoito italiano proveniente da região de Prato, na Toscana.

A palavra biscotti significa "duas vezes assado". É exatamente o que vamos fazer.

Os biscotti de amêndoa e pistache podem ser servidos com um belo cappuccino ou como sobremesa ao final das refeições, com um vinho chamado Santo — o vinho da amizade que os moradores da Toscana costumam oferecer aos visitantes.

150g de amêndoas

100g de pistaches

250g de açúcar

250g de farinha de trigo

1 colher de café rasa de fermento em pó

2 ovos

Rendimento: 20 a 24 unidades

Preaqueça o forno a 190º.

Unte uma fôrma retangular, cubra com papel-manteiga e unte novamente.

Coloque as amêndoas e os pistaches em uma fôrma e leve ao forno preaquecido por 10 minutos.

Retire e deixe esfriar completamente.

Em uma tigela, coloque o açúcar, a farinha de trigo, o fermento em pó, os ovos e as nozes. Misture bem.

Divida a massa em duas porções e faça um rolo com cada uma no formato de pão francês. Coloque na fôrma previamente untada e leve ao forno preaquecido por 20 minutos.

Retire do forno, espere esfriar um pouco e corte com faca de pão em fatias com cerca de 1cm de espessura.

Coloque as fatias deitadas na mesma assadeira e devolva ao forno por 5 minutos, virando as fatias uma vez para dourar os dois lados.

Retire do forno e ponha em uma grade para esfriar.

BISCOITOS DE SEMOLINA DO MARROQUINO

Em uma das minhas viagens ao Marrocos, fiquei hospedado na casa de dois grandes amigos, Patrick e Sonia. Nas caminhadas diárias pelas ruas vibrantes e caóticas de Marrakesh, acabei achando uma pequena *boulangerie* (espécie de padaria).

Uma coisa prendeu minha atenção de imediato: a simplicidade do local e do senhor proprietário do estabelecimento.

Ele fazia pães, doces e biscoitos magníficos todos os dias, o tempo todo.

Sempre que passava pela *boulangerie*, era impossível não comprar algo.

Então, criei coragem e, com meu francês básico, resolvi pedir-lhe a receita de um determinado biscoito de semolina. Para minha surpresa, o senhor me convidou para voltar na manhã seguinte e ensinou-me passo a passo a receita do biscoito. Foi a melhor coisa que aconteceu naquela viagem e tenho o maior prazer em dividi-la com você.

130ml de óleo vegetal (mais um pouco para untar a fôrma)

500g de semolina (mais um pouco para polvilhar a fôrma e enrolar os biscoitos)

100g de açúcar

3 ovos

80g de geleia de damasco

1 colher de sopa de sementes de erva-doce

1 pitada de sal

10g de fermento em pó

Rendimento: 40 unidades

Preaqueça o forno a 180º.

Pegue uma fôrma, unte com óleo vegetal e forre com papel-manteiga.

Unte também o papel-manteiga com óleo vegetal e salpique um pouco de semolina.

Em um recipiente, coloque o açúcar, os ovos, o óleo vegetal, a geleia de damasco e as sementes de erva-doce. Usando os dedos, misture bem todos os ingredientes.

Acrescente a semolina, o sal e o fermento em pó. Continue misturando com os dedos até obter uma massa homogênea. A massa vai parecer um pouco mole, mas essa consistência está correta.

Com as mãos untadas de óleo, forme circunferências do tamanho de bolas de golfe e as passe novamente na semolina antes de colocá-las na fôrma.

Achate um pouco as bolas de biscoito com a palma da mão e leve ao forno por 12 a 15 minutos, ou até ficarem douradas.

Retire os biscoitos do forno e transfira-os para uma grade para esfriarem.

SHORTBREAD ESCOCÊS

Apesar de originalmente escocês, o shortbread é uma receita tradicional também na Irlanda e nos países escandinavos. Como a receita contém manteiga, artigo raro quando o biscoito foi criado no século XII, o shortbread era servido apenas em eventos muito especiais, como no Natal ou no Hogmanay (último dia do ano na Escócia).

O apogeu e o refinamento desse biscoito amanteigado ocorreram no século XVI com a rainha Maria Stuart, regente dos tronos da Escócia e da França. Um fato curioso sobre o shortbread é que a rainha comparou a forma triangular com bordas onduladas que o biscoito pode ter, chamada de *petticoat tails*, com uma anágua, a peça íntima.

Existem três formatos típicos do shortbread: pequenos retângulos, pequenos círculos ou um grande círculo com bordas onduladas, que é dividido em segmentos triangulares após ser retirado do forno. Vamos preparar o shortbread clássico, mas se você preferir, pode adicionar outros sabores, como chocolate, lavanda seca, raspas de limão, laranja etc.

170g de manteiga sem sal

125g de açúcar e (mais um pouco para polvilhar no final)

200g de farinha de trigo

1 pitada de sal

Rendimento: 8 porções

Preaqueça o forno a 160º.

Você vai precisar de uma fôrma de fundo falso com 23cm de diâmetro e bordas onduladas, como as usadas para fazer torta.

Em uma tigela, coloque a manteiga em temperatura ambiente e o açúcar.

Bata bem com uma colher de pau ou uma batedeira elétrica até ficar cremosa.

Acrescente aos poucos a farinha de trigo e adicione 1 pitada de sal. Para uma melhor mistura, mexa a massa sempre, seja com a colher de pau ou com a batedeira elétrica.

Depois de acrescentar toda a farinha de trigo, envolva a mistura com um filme plástico e leve à geladeira por 20 minutos. Isso vai facilitar o manuseio da massa no próximo passo.

Abra a massa diretamente na fôrma, apertando-a com os dedos até conseguir uma espessura de cerca de 1cm. A massa deve cobrir completamente o fundo da fôrma e estar lisa e uniforme. Leve à geladeira, novamente, por mais 15 minutos.

Retire a fôrma da geladeira e, com um garfo, perfure toda a superfície da massa. Isso vai evitar que ela cresça quando estiver assando.

Leve ao forno por 40 a 45 minutos. O shortbread ficará um pouco esbranquiçado, sem aquela cor dourada característica de outros biscoitos.

Retire do forno e, com muito cuidado, remova o aro da fôrma.

Com o auxílio de uma faca, corte o biscoito em 8 fatias, como se fosse uma pizza. Assim, você terá triângulos com as bordas onduladas.

Salpique um pouco mais de açúcar e deixe esfriar. Está pronto o seu shortbread escocês!

BISCOITOS COM GELEIA *JAM DROPS*

O preparo desta receita é uma ótima oportunidade para começar a envolver crianças na arte da culinária e também uma introdução aos perigos que existem na cozinha. Além do preparo ser simples e do resultado ser delicioso, o biscoito com geleia vai fazer a festa da garotada, juntando aprendizado com diversão. Então, mão na massa!

125g de manteiga sem sal

100g de açúcar

1 colher de café de essência de baunilha

1 ovo

200g de farinha de trigo enriquecida com fermento

100g da geleia de frutas de sua preferência

Rendimento: 40 unidades

Preaqueça o forno a 180º.

Unte uma fôrma retangular, forre com papel-manteiga e unte novamente.

Em uma tigela, coloque a manteiga em temperatura ambiente, o açúcar, a essência de baunilha e o ovo. Bata com o auxílio de uma batedeira elétrica até obter uma consistência cremosa.

Acrescente a farinha de trigo enriquecida com fermento e misture com uma colher de pau até obter uma massa homogênea.

Com as mãos untadas, faça bolinhas com a massa e coloque-as separadamente na fôrma previamente untada.

Agora vem a parte que as crianças vão adorar: deixe que elas façam uma pequena cavidade, com o dedo indicador, em cima das bolinhas e a preencham com a geleia de sua preferência.

A parte do forno fica com você! Leve ao forno preaquecido durante 10 a 12 minutos, ou até dourar.

Retire do forno e transfira para uma grade para esfriar.

BISCOITOS DE CASAMENTO MEXICANO

A origem do nome do biscoito é controversa, pois a maioria dos mexicanos nunca ouviu falar dele e nem o serve nas festas nupciais.

Existe uma especulação de que o nome começou a ser usado na América do Norte nos anos 1950, época da Guerra Fria entre os Estados Unidos e a extinta União Soviética.

Antes disso, esse mesmo biscoito era conhecido como *russian tea cake* (bolo russo para chá, em tradução livre).

Para não fazer propaganda do regime inimigo, os americanos decidiram trocar o nome do biscoito para um mais palatável aos aristocratas. Esta mesma receita do biscoito de casamento mexicano é comum em muitos países do leste europeu, mas com o nome "bolas de neve", e até do norte da África, onde é preparado com um pouco de água de rosas.

70g de nozes pecans

125g de farinha de trigo

100g de manteiga sem sal

60g de açúcar de confeiteiro (mais um pouco para enrolar as bolinhas)

1 colher de café de essência de baunilha

Rendimento: 20 unidades

Preaqueça o forno a 150º.

Unte uma assadeira retangular, forre-a com papel-manteiga e unte novamente.

Coloque as nozes em uma fôrma e leve ao forno por 5 minutos.

Retire do forno e deixe esfriar completamente.

Coloque as nozes e a farinha de trigo em um processador ou liquidificador e triture bem.

Em uma tigela, bata a manteiga com o açúcar de confeiteiro e a essência de baunilha até ficar com uma consistência cremosa.

Acrescente a farinha e as nozes trituradas e misture bem até obter uma massa.

Leve à geladeira por 15 minutos. Isso vai facilitar o manuseio da massa no próximo passo.

Retire a massa da geladeira e, com as mãos untadas, faça bolinhas com aproximadamente 1cm de diâmetro. Coloque-as na assadeira previamente untada e leve ao forno por 20 a 25 minutos.

Retire do forno e espere esfriar um pouco. Agora, com muito cuidado, enrole as bolinhas ainda mornas no açúcar de confeiteiro.

Espere esfriar completamente.

MACARONS DE COCO COM CHOCOLATE

Há anos, quando eu trabalhava em uma delicatéssen em Londres, fazíamos este biscoito sem glúten nem lactose.

3 claras de ovo

2 colheres de sopa de glucose de milho

150g de açúcar

200g de coco ralado seco

200g de chocolate

Rendimento: 20 unidades

Preaqueça o forno a 160º.

Unte uma fôrma retangular com óleo, cubra-a com papel-manteiga e unte novamente.

Em uma tigela metálica, coloque as claras, a glucose e o açúcar. Leve a banho-maria (fogo baixo).

Com o auxílio de uma batedeira elétrica ou de um batedor de arame, bata os ingredientes até obter uma mistura esbranquiçada e cremosa, por aproximadamente 10 minutos.

Deixe esfriar um pouco e acrescente o coco ralado. Misture bem até incorporar todos os ingredientes.

Cubra a massa com um filme plástico e leve à geladeira por 1 hora. Isso vai facilitar o manuseio da massa no próximo passo.

Com as mãos untadas com óleo, modele a massa no formato de pirâmide e coloque-as separadamente em uma fôrma previamente untada.

Leve ao forno por 15 a 20 minutos. Retire do forno e deixe esfriar na fôrma.

Agora coloque o chocolate em uma vasilha e deixe em banho-maria até derreter completamente. Com muito cuidado, pegue cada macaron e mergulhe no chocolate derretido, formando uma fina camada na base da pirâmide.

Em seguida, coloque sobre o papel-manteiga untado e deixe esfriar.

Com o restante do chocolate derretido, use uma colher em movimento vai e vem e decore os macarons.

RUGELACH

O rugelach é um biscoito associado aos judeus asquenazes, etnia que se estabeleceu na região central e no leste da Europa. Em iídiche, idioma antigo falado pelos asquenazes, rugelach significa "em forma de meia-lua". Seu formato lembra um pequeno croissant.

O biscoito tornou-se bem popular em 1693, com o fim da Batalha de Viena, evento que culminou com a expulsão dos turcos. Uma das ideias que os locais tiveram para comemorar a vitória foi criar esse biscoito com formato inusitado, similar à lua na bandeira turca. Os austríacos queriam dizer com isso que haviam devorado os inimigos.

Conheci esse biscoito quando morei no kibutz Yad Mordechai, em Israel. O nome do kibutz é uma homenagem a Mordechai Anielewicz, líder do gueto de Varsóvia que foi morto lutando contra os nazistas durante a Segunda Guerra Mundial.

O rugelach é consumido durante o ano todo e tem presença garantida em diversas celebrações judias como o *chanuca*, a festa das luzes.

O processo de preparo do biscoito é um pouco elaborado e diferente, mas vale muito a pena, pois é delicioso.

200g de cream cheese em temperatura ambiente

200g de manteiga em temperatura ambiente

100g de açúcar (mais um pouco para polvilhar)

250g de farinha de trigo

Recheio

Cacau em pó para polvilhar

100g de nozes bem picadas

100g de uvas-passas bem picadas

100g de chocolate em barra bem picado

3 colheres de sopa de açúcar

1 ovo

2 colheres de sopa de leite, para pincelar a massa

Rendimento: 48 unidades

Preaqueça o forno a 180º.

Unte a fôrma retangular com manteiga, cubra com papel-manteiga e unte novamente.

Em uma tigela, coloque o cream cheese e a manteiga. Bata bem com uma batedeira elétrica, acrescente o açúcar e continue batendo. Desligue a batedeira e acrescente a farinha. Misture com uma espátula até obter uma massa homogênea.

Divida a massa em quatro porções, cubra com um filme plástico e leve à geladeira por 3 horas. Isso vai facilitar o manuseio nos próximos passos. Enquanto a massa descansa na geladeira, misture as nozes, as uvas-passas, o chocolate em pedaços e o açúcar, e reserve.

Retire as massas da geladeira e, em uma superfície bem enfarinhada, abra as quatro massas em forma de círculo, mais ou menos do tamanho de um prato de 25cm de diâmetro e 1cm de espessura.

Polvilhe toda a superfície da massa com pó de cacau e espalhe a mistura de nozes e uvas-passas. Com as mãos, pressione levemente a mistura sobre a massa.

Usando um cortador de pizza ou uma faca, divida a massa em 12 a 16 fatias, como se fosse uma pizza. Enrole cada pedaço começando pela borda mais larga para a mais fina, formando pequenos croissants, e coloque-os na fôrma previamente untada. Pincele o ovo batido com leite sobre os croissants e salpique um pouco de açúcar. Leve ao forno e deixe assar por 20 a 25 minutos. Retire do forno e deixar esfriar na fôrma.

Pavlova com frutas frescas

SOBREMESAS

PAVLOVA COM FRUTAS FRESCAS

Há uma disputa entre a Nova Zelândia e a Austrália sobre a origem da receita da pavlova. O nome foi dado em homenagem à bailarina russa Anna Pavlova em sua turnê pela Oceania nos anos 1920. O suspiro branco com as frutas faz lembrar os vestidos das bailarinas, chamados de "tutu". A pavlova pode ser servida com frutas frescas ou frutas em calda.

4 claras

250g de açúcar

1 colher de chá de vinagre branco

2 colheres de chá de amido de milho (maisena)

250ml de creme de leite fresco

Açúcar de confeiteiro para decorar

Frutas frescas de sua preferência

Rendimento: 8 porções

Preaqueça o forno a 150º.

Unte uma fôrma retangular com manteiga, cubra com papel-manteiga, unte novamente e desenhe um círculo de 20cm, delimitando o espaço que será preenchido.

Bata as claras com a batedeira elétrica, acrescentando o açúcar aos poucos. Quando atingir o ponto de neve, acrescente o vinagre e a maisena e bata por 2 minutos. Coloque a mistura na fôrma preparada com a ajuda de uma espátula, preenchendo o círculo criado. Alise a superfície. Leve ao forno previamente aquecido por 1 hora.

Desligue o forno e deixe o suspiro dentro dele até esfriar completamente. Retire do forno e transfira a pavlova com cuidado para a travessa em que será servida. Bata o creme de leite com o açúcar de confeiteiro em ponto de chantilly, espalhe-o sobre a superfície da pavlova, adicione as frutas de sua preferência e finalize polvilhando o açúcar de confeiteiro. Sirva imediatamente.

PUDIM DE PANETTONE

Esta é uma receita inspirada no pudim de pão com manteiga, clássica sobremesa inglesa. Para preparar, você pode usar as sobras do panettone de Natal ou brioche.

100g de manteiga sem sal em temperatura ambiente

1 panettone de 500g cortado em fatias grossas

500ml de leite fresco

500ml de creme de leite fresco

1 colher de chá de essência de baunilha

4 ovos

150g de açúcar

Casca de 1 laranja ralada

Rendimento: 8 porções

Preaqueça o forno a 160º.

Unte um refratário próprio com manteiga para ir à mesa.

Passe a manteiga nas fatias de panettone, arrume-as em uma fôrma refratária e reserve. Em uma panela, coloque o leite e o creme de leite e leve ao fogo médio até levantar fervura. Retire do fogo e acrescente a baunilha. Com uma batedeira elétrica, em uma tigela à parte, bata os ovos e o açúcar até obter uma mistura cremosa. Acrescente o leite com creme de leite ainda quente nos ovos e misture bem. Polvilhe a casca de laranja ralada sobre as fatias de panettone e despeje a mistura por cima. Deixe descansar por 20 minutos. Leve a fôrma em banho-maria ao forno preaquecido por 30 a 40 minutos. Retire do forno e sirva morno.

MOUSSE DE CHOCOLATE E DE MANGA

Uma combinação adorável: manga e chocolate. Sobremesa ideal para os dias de verão. Melhor se for preparado no dia anterior ao que será servido.

Mousse de chocolate

200g de chocolate (mínimo 70% de cacau)

50g de açúcar

4 ovos

150ml de creme de leite fresco

Mousse de manga

2 mangas grandes e maduras, descascadas e picadas

2 folhas de gelatina incolor

6 colheres de sopa de água

150g de açúcar

1 clara de ovo

150ml de creme de leite fresco

Rendimento: 6 porções

Mousse de chocolate

Derreta o chocolate em banho-maria e reserve.

Separe as claras das gemas.

Em uma tigela, adicione as gemas ao açúcar e bata até ficar cremoso. Adicione o chocolate derretido e misture bem.

Em outra tigela, bata o creme de leite em ponto de chantilly e adicione a mistura de chocolate. Misture bem.

Finalmente, bata as claras em ponto de neve e adicione aos poucos ao creme de chocolate, misturando gentilmente, sem bater, e incorporando-as à mistura.

Divida a mistura entre seis taças e leve à geladeira.

Mousse de manga

Coloque a manga em um processador de alimentos ou em um liquidificador até virar um purê. Passe por uma peneira fina e reserve. Coloque a gelatina de molho em uma vasilha com água fria por 3 minutos. Retire, esprema o excesso de água, coloque em uma panela e adicione 2 colheres de sopa de água. Leve ao fogo baixo até dissolver a gelatina, sem ferver. Adicione ao purê de manga e misture bem. Coloque o açúcar em uma panela com 4 colheres de sopa de água e leve ao fogo baixo até obter uma calda grossa. Bata a clara em ponto de neve com uma batedeira elétrica, acrescente aos poucos a calda de açúcar ainda quente e continue batendo até esfriar. Bata o creme de leite em ponto de chantilly, acrescente ao purê de manga e misture delicadamente. Por fim, adicione a mistura da clara fria e incorpore gentilmente. Distribua igualmente entre as taças, colocando sobre a mousse de chocolate. Leve à geladeira por pelo menos 2 horas. Retire da geladeira 20 minutos antes de servir. Decore com pistache.

CRUMBLE DE MAÇÃ E AMEIXA VERMELHA

Com o racionamento de alimentos no Reino Unido durante a Segunda Guerra Mundial, as donas de casa usavam uma mistura de farinha, manteiga, açúcar e aveia para cobrir frutas e criar uma espécie de torta. A ideia era usar o mínimo de farinha e ainda assim fazer algo saboroso. Daí surgiu o *apple crumble*, uma receita tradicional da culinária inglesa. Se preferir, você pode usar outras frutas, como pera, nectarina, frutas vermelhas etc.

600g de ameixas vermelhas sem caroço e cortadas em pedaços grandes

4 maçãs descascadas, sem sementes e cortadas em pedaços grandes

80g de açúcar mascavo

1 colher de chá de canela em pó

225g de farinha de trigo

30g de flocos de aveia

180g de açúcar (mais um pouco para salpicar)

100g de manteiga sem sal, gelada e cortada em cubos

Rendimento: 8 porções

Preaqueça o forno a 180º.

Unte com manteiga um refratário próprio para ir à mesa.

Em um recipiente coloque as ameixas e as maçãs em pedaços, salpique o açúcar mascavo e a canela e misture bem. Coloque em uma fôrma refratária e reserve. Em uma tigela à parte, misture a farinha de trigo com a aveia e o açúcar. Acrescente a manteiga e trabalhe com os dedos até obter uma farofa grossa. Cubra as frutas no refratário com essa farofa, salpique açúcar e leve ao forno por 30 a 40 minutos, até dourar a superfície e as "borbulhas" começarem a sair pelas laterais do refratário. Retire do forno. Sirva morno com sorvete ou creme de leite.

PANNA COTTA

Traduzido literalmente como "creme cozido", esta receita teve origem no norte da Itália, na região do Piemonte. Em outras regiões, adiciona-se grappa, uma bebida alcoólica. A panna cotta é normalmente servida com frutas vermelhas frescas, mas você pode servir com frutas em compotas, caramelo ou chocolate derretido com um pouco de creme de leite. Na minha receita, uso a vagem de baunilha fresca, que é muito melhor que a essência. Hoje em dia, você pode encontrar a vagem de baunilha em alguns supermercados.

400ml de creme de leite fresco

1 vagem de baunilha

4 pedaços pequenos de casca de limão-siciliano (só a parte amarela)

100ml de leite fresco

2 folhas de gelatina incolor

100g de açúcar de confeiteiro

Morangos, para servir

Rendimento: 4 porções

Coloque 100ml de creme de leite em um recipiente e leve à geladeira. Coloque os 300ml restantes em uma panela. Abra a vagem de baunilha e, usando a ponta da faca, raspe as sementes no creme de leite. Adicione a vagem de baunilha e a casca de limão ao creme de leite e leve ao fogo médio até levantar fervura. Reduza o fogo e deixe cozinhar por cerca de 5 minutos. Retire a panela do fogo. Em seguida, retire a casca de limão e a vagem da baunilha da panela e reserve. Em um recipiente, coloque as folhas de gelatina, cubra-as com água fria e deixe de molho por alguns minutos. Em uma panela, despeje o leite e leve ao fogo baixo até levantar fervura. Retire do fogo. Retire a gelatina do recipiente e tire o excesso de água, adicione ao leite ainda quente e mexa bem, até dissolver a gelatina completamente. Adicione a gelatina ao creme de leite já fervido. Deixe esfriar em temperatura ambiente. Pegue os 100ml de creme de leite da geladeira, adicione o açúcar de confeiteiro e bata com a batedeira elétrica até atingir o ponto de chantilly. Adicione aos poucos ao creme de leite com gelatina até incorporar completamente. Coloque a mistura em 4 ramequins ou em 4 xícaras e leve à geladeira por no mínimo 2 horas. Isso pode ser feito no dia anterior e deixado na geladeira.

Para desenformar, coloque água quente em uma fôrma, passe a ponta de uma faca ao redor das bordas da panna cotta, mergulhe o ramequim na água quente por 2 segundos e inverta-o no prato em que a panna cotta será servida. Sirva com morangos, frutas vermelhas ou outra fruta de sua preferência.

Dica

Pegue a vagem da baunilha que você usou, lave bem e seque. Coloque em um recipiente hermético com açúcar e deixe por algumas semanas. Coloque tudo em um processador de alimentos e triture bem. Use uma peneira fina para filtrar a mistura. Você terá uma mistura de açúcar com baunilha que poderá usar em outras receitas.

PERA ASSADA EM CARAMELO E VINHO

Em poucas palavras, uma receita fácil de fazer, simples, elegante e saborosa.

6 peras com casca

Casca de 1 limão-siciliano

1 vagem de baunilha

Calda de caramelo

350g de açúcar

150ml de água

200ml de vinho tinto

Rendimento: 6 porções

Corte a base das peras para que possam ficar em pé. Retire com uma colher de chá as sementes das peras, com cuidado para não perfurá-las. Com a ponta de uma faca, perfure toda a pera com cuidado. Isso vai evitar que a casca estoure quando assar. Coloque em uma fôrma refratária e reserve.

Caramelo

Preaqueça o forno a 180°.

Em uma panela, coloque o açúcar com a água e leve ao fogo baixo, sem mexer, até formar um caramelo âmbar escuro. Cuidado para não queimar. Retire do fogo e, delicadamente, acrescente o vinho e a casca de limão. Pegue a vagem de baunilha, abra-a e, com a ponta de uma faca, raspe as sementes no caramelo. Corte a vagem de baunilha ao meio e acrescente à mistura. Mexa bem. Derrame a calda de caramelo sobre as peras e leve ao forno preaquecido por 30 a 40 minutos. Regue as peras com a calda durante o processo no forno. Para saber se as peras estão prontas, perfure-as com uma faca. Se estiverem macias, retire-as do forno. Elas podem ser servidas mornas ou em temperatura ambiente e acompanhadas de creme de leite.

MONT BLANC

Há alguns anos, minha querida amiga e cliente, a baronesa Alexandra Von Oppenheim, pediu que eu fizesse esta sobremesa, chamada Mont Blanc, em homenagem à montanha mais alta da França. Isso me levou ao passado, quando fui a Paris pela primeira vez e descobri a casa de chá Angelina, famosa pelo chocolate quente e pela Mont Blanc. Resolvi fazer a minha receita um pouco diferente da que se vende em pequenas porções na Angelina. Fiz em formato de "montanha" e, de acordo com Alexandra, ficou melhor que a da casa de chá.

Merengue

2 claras de ovo

1 pitada de cremor de tártaro

120g de açúcar

Creme de castanha portuguesa

1l de leite

500g de castanhas portuguesas cozidas e descascadas

150g de açúcar

1 vagem de baunilha

250ml de creme de leite fresco

Cacau em pó e açúcar de confeiteiro para decorar

Rendimento: 8 porções

Preaqueça o forno a 150º.

Unte uma fôrma com manteiga sem sal, cubra com papel-manteiga e unte novamente. Desenhe um círculo de 20cm, delimitando o espaço que será preenchido.

Base de merengue

Em uma batedeira elétrica, bata as claras em ponto de neve, adicionando aos poucos o açúcar e o cremor de tártaro. Coloque em um saco de confeiteiro e preencha o círculo desenhado na fôrma já preparada. Com o que sobrar da mistura, molde bolinhas de merengue.

Leve ao forno preaquecido por cerca de 1h a 1h30. Desligue o forno e deixe esfriar completamente dentro dele. Após esfriar, coloque o círculo de merengue maior na travessa em que será servido. Reserve as bolinhas de merengue.

Creme de castanha portuguesa

Em uma panela, coloque o leite, as castanhas, o açúcar e a vagem de baunilha (corte a vagem ao meio e, com a ponta da faca, retire as sementes. Acrescente as sementes e a vagem já aberta ao líquido na panela). Leve ao fogo médio e cozinhe por 15 minutos. Retire do fogo, coe com uma peneira fina e reserve o líquido.

Coloque as castanhas em um processador de alimentos, junto com metade do líquido peneirado, e triture até obter uma mistura homogênea, de consistência cremosa. Para obter essa consistência, adicione mais leite se for necessário. Coloque a mistura em um saco de confeiteiro. Reserve.

Bata o creme de leite em ponto de chantilly com o açúcar de confeiteiro até atingir um ponto firme. Quebre as pequenas bolas de merengue reservadas e misture delicadamente com o creme. Coloque a mistura sobre o círculo grande de merengue e modele como se fosse uma montanha. Envolva a montanha com o creme de castanha, começando pela base. Polvilhe o cacau por toda a montanha. No pico, polvilhe um pouco de açúcar de confeiteiro para imitar neve.

Nota

Se você não achar a castanha portuguesa já cozida a vácuo, compre a castanha fresca, faça um furo na casca e cozinhe em uma panela com água por 20 minutos. Espere esfriar e, então, descasque-as.

PUDIM DE CHOCOLATE COM MOLHO DE CHOCOLATE

Uma receita facílima de se fazer e ideal para ser servida em noites de inverno. Use o melhor cacau que você puder encontrar.

150g de farinha de trigo enriquecida com fermento

25g de cacau em pó

165g de açúcar

125ml de leite fresco

1 ovo

60g de manteiga sem sal, derretida e fria

Molho

35g de cacau em pó

110g de açúcar mascavo

430ml de água fervente

Rendimento: 6 porções

Preaqueça o forno a 180º.

Peneire com uma peneira fina a farinha e o cacau em uma tigela. Adicione o açúcar e mexa.

Em outro recipiente, junte o leite, o ovo e a manteiga derretida, e bata com um garfo. Adicione essa mistura à tigela de ingredientes secos e misture bem até obter uma massa homogênea. Divida a massa entre 6 xícaras ou 6 ramequins e reserve.

Molho

Em uma tigela, peneire o cacau com uma peneira fina. Adicione o açúcar mascavo e a água fervente, mexendo bem. Divida esse molho entre as 6 xícaras ou ramequins já com a mistura de chocolate e leve ao forno preaquecido por 30 a 40 minutos. Retire do forno e sirva morno.

TORTA CAPRESE DE CHOCOLATE BRANCO, AMÊNDOA E LIMÃO

Em uma das minhas últimas viagens a Veneza, almocei em um pequeno restaurante perto do antigo gueto judeu. O curioso é que só havia uma sobremesa no cardápio, que na realidade nem era da região de Veneza, mas sim de Nápoles. Pedi a receita à dona do restaurante, que gentilmente me cedeu.

200g de chocolate branco

150g de açúcar

5 ovos

200g de manteiga derretida

300g de farinha de amêndoa

4 limões-sicilianos, somente a casca ralada

50ml de *limoncello* (licor de limão)

4 colheres de sopa de suco de limão

Rendimento: 8 porções

Preaqueça o forno a 160º.

Unte com manteiga sem sal uma fôrma de fundo falso com 23cm de diâmetro. Coloque um círculo de papel-manteiga de 30cm de diâmetro no fundo da fôrma e unte novamente, pressionando as bordas.

Derreta o chocolate em banho-maria e reserve. Em uma tigela, bata com uma batedeira elétrica o açúcar e os ovos até obter uma consistência cremosa. Desligue a batedeira, acrescente o chocolate derretido e misture bem com uma espátula. Adicione a farinha de amêndoa, a manteiga derretida, a raspa dos limões, o *limoncello* e o suco de limão. Misture bem com a espátula. Coloque a mistura na fôrma preparada e leve ao forno por 40 a 50 minutos. Retire do forno e deixe esfriar completamente antes de tirar da fôrma. *Buon appetito*!

CLAFOUTIS DE CEREJA

Esta receita é originária da região de Limusino, na França. Essa região é famosa pelas fábricas de porcelana de Limoges, consideradas as mais finas do país. Eu usei cereja, mas você pode usar outras frutas: nectarina, pêssego, figo, frutas vermelhas etc.

200g de cerejas frescas sem caroço

1 colher de sopa de açúcar

60g de manteiga sem sal e um pouco a mais para untar a fôrma

2 ovos inteiros

60g de açúcar

1 colher de café de essência de baunilha

70ml de leite fresco

70ml de creme de leite fresco

50g de farinha de trigo

Açúcar de confeiteiro para decorar

Rendimento: 8 porções

Preaqueça o forno a 180°.

Você vai precisar de uma frigideira que possa ser levada ao forno, com mais ou menos 20cm de diâmetro e cabo de metal, ou um refratário. Unte com manteiga.

Deixe a cereja e o açúcar de molho em um recipiente por 1 hora.

Coloque a manteiga em uma panela e leve ao fogo baixo até obter uma cor dourada. Esta manteiga é chamada de beurre noisette. Retire do fogo e reserve.

Em outro recipiente, bata os ovos, o açúcar, a essência de baunilha, o leite e o creme de leite com um batedor de arame. Adicione a farinha e a manteiga derretida, misturando bem. Cubra o fundo da frigideira ou refratário previamente untado com as cerejas. Derrame a mistura sobre as cerejas e leve ao forno por 30 a 35 minutos até dourar. Retire do forno, polvilhe com açúcar de confeiteiro e sirva morno.

PUDIM DE TÂMARAS *STICKY TOFFEE PUDDING*

Um clássico da culinária inglesa e uma das minhas sobremesas favoritas, o pudim de tâmaras é originário da região dos Lagos, em Cumbria. O engraçado é que um dos melhores pudins de tâmaras que provei não foi feito na Inglaterra, e sim em Dubai, na casa da minha amiga Sue Kanda, que gentilmente me deu esta receita.

150g de tâmaras sem caroço e bem picadas

1 colher de chá de bicarbonato de sódio

200ml de água fervente

30g de manteiga sem sal

200g de açúcar mascavo

2 ovos inteiros

200g de farinha de trigo enriquecida com fermento

Molho Toffee

200g de açúcar mascavo

180ml de creme de leite fresco

1 colher de café de essência de baunilha

30g de manteiga sem sal

Rendimento: 8 porções

Preaqueça o forno a 180º.

Unte uma fôrma de pudim de 20cm de diâmetro com manteiga, forrada com papel-manteiga no fundo, untada novamente e enfarinhada.

Coloque as tâmaras em um recipiente. Adicione o bicarbonato e a água fervente, misturando bem. Deixe de molho até a mistura esfriar.

Em uma tigela, bata a manteiga e o açúcar com uma batedeira elétrica. Adicione os ovos, a farinha, a mistura com tâmaras e continue batendo por mais 1 minuto. Coloque a mistura na fôrma preparada e leve o pudim ao forno preaquecido por 30 a 40 minutos. Retire do forno e deixe esfriar completamente. Desenforme-o na travessa na qual será servido.

Molho Toffee

Coloque todos os ingredientes em uma panela e leve ao fogo até dissolver e levantar fervura. Retire do fogo, derrame o molho ainda quente sobre o pudim e sirva imediatamente.

CHÁ DA
TARDE INGLÊS

SCONES COM GELEIA DE MORANGO

Citada em livros de receitas desde o século XVI, a scone foi criada na Escócia. Originalmente usava-se aveia no preparo, o que a tornava mais parecida com um pão, mas hoje ela é preparada com farinha de trigo. As scones ficaram mais populares na época vitoriana devido ao chá das cinco.

A forma tradicional de se servir as scones é cortando-as ao meio, passando *clotted cream* (criação da região de Devon, na Inglaterra) sobre a superfície e, depois, geleia de morango. Você pode usar creme de leite batido no lugar de *clotted cream*. Os lugares mais populares para se comer scones no Reino Unido são a Cornualha e Devon. Mas há uma diferença: na Cornualha, eles cortam as scones, colocam a geleia e depois o creme de leite. Em Devon, coloca-se primeiro o creme e depois a geleia. Eu deixo a seu critério a melhor forma de comê-las.

250g de farinha de trigo enriquecida com fermento

1 pitada de sal

50g de manteiga sem sal e gelada

30g de açúcar (mais um pouco para salpicar)

60g de uvas-passas

150ml de leite fresco

1 ovo

1 ovo batido adicionado de 1 colher de sopa de leite, para pincelar

Rendimento: 12 unidades

Preaqueça o forno a 220º.

Unte uma fôrma com manteiga, cubra com papel-manteiga e unte novamente.

Peneire a farinha de trigo e o sal em um recipiente. Corte a manteiga em cubos, adicione a farinha e trabalhe com os dedos, misturando os ingredientes até obter uma farofa grossa. Adicione o açúcar e misture bem. Adicione as uvas-passas e torne a misturar.

Em outro recipiente, acrescente o leite e o ovo, e bata com um garfo. Gentilmente, acrescente esse líquido aos ingredientes secos, formando uma massa homogênea. Coloque a massa em uma superfície enfarinhada e, com um rolo, abra a massa com uma espessura de cerca de 2,5cm. Corte círculos de mais ou menos 5cm de diâmetro com um cortador de biscoito, ou use um copo. Coloque separadamente na fôrma untada e pincele com o ovo batido com leite. Polvilhe um pouco de açúcar e leve ao forno preaquecido por 12 a 15 minutos. Retire do forno. O ideal é servi-las mornas.

BOLO VICTORIA

O chá da tarde foi introduzido na corte da Rainha Vitória por uma de suas damas de companhia, Anna Maria Stanhope, sétima Duquesa de Bedford, por volta de 1840. O intervalo entre o almoço e o jantar era muito longo, o que levou a Duquesa de Bedford a convidar as amigas para o chá da tarde. A Rainha Vitória aderiu à ideia e, devido à sua enorme influência, todo o Império Britânico também aderiu. Na realidade, o chá, descoberto pelos portugueses em suas navegações para a Índia, fora introduzido na corte inglesa muito antes pela esposa do Rei Carlos II, a Princesa Catarina de Bragança. Ela levou o chá no seu dote de casamento.

O nome foi dado em homenagem à rainha Vitória. Há muitas variações nas receitas, algumas levam manteiga, outras não. Antigamente pesavam-se quatro ovos e era usada a mesma medida de manteiga, açúcar e farinha no preparo do bolo. O recheio é de creme de leite fresco batido e geleia de morango ou de framboesa.

225g de manteiga sem sal em temperatura ambiente

225g de açúcar

225g de farinha de trigo enriquecida com fermento

4 ovos

2 colheres de chá de fermento em pó

1 colher de chá de essência de baunilha

2 colheres de sopa de leite

200ml de creme de leite fresco

Geleia de morango

500g de morangos frescos, lavados e picados

400g de açúcar

Suco de ½ limão-siciliano

Açúcar de confeiteiro para decorar

Rendimento: 6 porções

Preaqueça o forno a 180º.

Unte com manteiga sem sal duas fôrmas redondas com fundo falso e 20cm de diâmetro, forre-as com papel-manteiga e unte novamente.

Com uma batedeira elétrica, bata a manteiga e o açúcar até obter uma consistência cremosa. Acrescente os ovos um a um e continue batendo, adicionando a farinha, o fermento, a essência de baunilha e o leite. Distribua a mistura igualmente entre as duas fôrmas e leve ao forno por 20 a 25 minutos.

Retire do forno e deixe esfriar completamente.

Geleia de morango

Coloque em uma panela o morango, o açúcar e o suco de limão e leve ao fogo médio, mexendo sempre. Depois que levantar fervura, diminua um pouco o fogo e cozinhe por 10 a 15 minutos até a temperatura atingir 105º, que é o ponto da geleia. Retire do fogo e deixe esfriar. Reserve.

Montagem

Bata o creme de leite em ponto de chantilly. Retire os bolos das fôrmas. Coloque um dos bolos na travessa em que eles serão servidos, cubra com o chantilly e espalhe a geleia sobre ele. Coloque o segundo bolo sobre o primeiro, fazendo uma espécie de sanduíche, e polvilhe com o açúcar de confeiteiro.

CHÁ DA TARDE INGLÊS **139**

TORTINHAS COM CREME DE PASTELEIRO E FRUTAS FRESCAS

Use a mesma massa e o processo da página 61.

Creme de pasteleiro

250ml de leite fresco

1 vagem de baunilha

3 gemas

70g de açúcar

20g de amido de milho (maisena)

20g de manteiga sem sal

Frutas frescas de sua preferência

Açúcar de confeiteiro para decorar

Preaqueça o forno a 180º.

Modele a massa para torta doce nas forminhas de empadinhas como foi feito na fôrma grande e leve ao congelador por no mínimo 1h. Particularmente, uso forminhas de empadinhas com 5cm de diâmetro.

Retire as forminhas com a massa do congelador e leve diretamente ao forno preaquecido por 10 a 12 minutos, até dourarem. Retire do forno, deixe esfriar completamente e retire da forminha.

Em uma panela, coloque o leite e a vagem de baunilha aberta com as sementes raspadas e adicionadas ao leite. Leve ao fogo médio até levantar fervura. Retire do fogo. Em outro recipiente, coloque as gemas, o açúcar e a maisena. Bata com um batedor de arame até atingir a consistência de creme. Adicione o leite ainda quente, misturando bem. Leve a panela de volta ao fogo baixo, mexendo sempre com o batedor de arame até formar um mingau grosso. Retire do fogo, adicione a manteiga e misture delicadamente até obter um creme consistente. Distribua o creme sobre a massa já assada e fria. Deixe esfriar completamente. Decore com as frutas de sua preferência, polvilhando açúcar de confeiteiro por cima.

TORTINHAS DE MARACUJÁ E MERENGUE

Use a mesma massa e o processo da página 61.

Recheio de maracujá

8 maracujás pequenos

100g de açúcar

3 gemas

1 ovo

30g de manteiga sem sal

Merengue

70g de açúcar

4 colheres de sopa de água

2 claras

Rendimento: 16 a 18 unidades

Preaqueça o forno a 180º.

Modele a massa para torta doce nas forminhas de empadinhas como foi feito na fôrma grande e leve ao congelador por no mínimo 1h. Particularmente, uso forminhas de empadinhas com 5cm de diâmetro.

Retire as forminhas com a massa do congelador e leve diretamente ao forno preaquecido por 10 a 12 minutos, até dourarem. Retire do forno, deixe esfriar completamente e retire da forminha.

Retire a polpa do maracujá, passe por uma peneira para extrair as sementes e coloque o líquido em uma panela junto com o açúcar, as gemas e o ovo, misturando bem com o batedor de arame. Leve ao fogo baixo, sempre misturando com o batedor, até obter um mingau bem grosso. Retire do fogo, adicione a manteiga e mexa bem, até incorporar. Distribua o creme entre as forminhas assadas, deixe esfriar e reserve.

Merengue

Coloque o açúcar e a água em uma panela. Leve ao fogo baixo até atingir uma calda rala. Bata as claras em ponto de neve com uma batedeira elétrica. Cuidadosamente, acrescente a calda ainda quente às claras e continue batendo até a mistura ficar fria. Coloque a mistura em saco de confeiteiro e decore as tortinhas de maracujá.

Opcionalmente, você pode usar um maçarico de cozinha para dar uma cor dourada ao merengue.

FRIANDS DE AVELÃ, CHOCOLATE E FRAMBOESAS

90g de manteiga sem sal derretida (mais um pouco para untar)

20g de farinha de trigo (mais um pouco para enfarinhar as fôrmas)

1 colher de sopa de cacau em pó (mais um pouco para decorar)

75g de açúcar de confeiteiro

50g de farinha de avelã (ver dica no final da receita)

3 claras de ovos (reserve as gemas para outras receitas)

40 a 50 unidades de framboesas frescas

Rendimento: 16 a 18 unidades

Preaqueça o forno a 180º.

Unte as forminhas com manteiga, enfarinhe e reserve. Usei forminhas de empadas com 5cm de diâmetro.

Ponha a manteiga em uma panela e leve ao fogo baixo até derreter. Retire do fogo e deixe esfriar. Em uma tigela, peneire a farinha, o cacau e o açúcar de confeiteiro. Acrescente a farinha de avelã e misture bem. Bata as claras com um garfo rapidamente, adicione a manteiga derretida e misture bem. Adicione esse líquido aos ingredientes secos, misturando bastante. Distribua a massa entre as forminhas. Atenção: não encha as forminhas por completo. Coloque 1 framboesa sobre a massa no centro de cada uma. Leve ao forno preaquecido por 12 a 15 minutos. Retire do forno e deixe esfriar. Retire os friands das forminhas, polvilhe cacau em pó e decore com framboesas frescas.

Dica

Se você não encontrar a farinha de avelã pronta, compre a avelã *in natura* e coloque por 10 minutos em um forno preaquecido a 180º. Retire do forno e deixe esfriar. Coloque a avelã no meio de um pano de cozinha e friccione até retirar as cascas do avelã. Depois, triture no processador de alimentos. Pronto, você tem a sua farinha de avelã!

Se não encontrar framboesas, use morangos picados.

MINIMADELEINES DE LARANJA

Eu utilizei a mesma receita de Madeleines da página 43, somente assei em fôrma de minimadeleines. Você pode usar também forminhas de empadinhas.

150g de manteiga sem sal e um pouco a mais para untar as forminhas

3 ovos inteiros

150g de açúcar

150g de farinha de trigo e um pouco a mais para enfarinhar as fôrmas

1 colher de chá de fermento em pó

Suco e a casca de 1 laranja ralada em ralo fino

Açúcar de confeiteiro para decorar

Rendimento: 36 unidades

Preaqueça o forno a 200°.

Unte as forminhas de Madeleine, enfarinhe e reserve.

Coloque a manteiga em uma panela e leve ao fogo baixo até derreter completamente. Reserve. Com uma batedeira elétrica, bata o açúcar, os ovos, a farinha, o fermento, a casca, o suco de laranja e finalmente acrescente a manteiga derretida. Bata bem. Cubra com um filme plástico e leve à geladeira por no mínimo 30 minutos. Retire da geladeira e distribua nas forminhas pré--untadas. Leve ao forno por 8 a 10 minutos ou até dourar.

Quando assada, a Madeleine vai formar uma "corcunda" em sua parte superior. Isso é sinal de uma boa Madeleine. Deixe esfriar e retire das forminhas.

CHÁ DA TARDE INGLÊS **149**

SANDUÍCHES

Tradicionalmente, os sanduíches podem ser servidos com qualquer tipo de recheio. Vou apresentar algumas ideias, mas você está livre para usar sua imaginação e criar outros recheios. Um aspecto fundamental dos minissanduíches servidos no chá das cinco é o fato de eles serem servidos sem a casca do pão de fôrma.

SANDUÍCHE DE PEPINO

1 pepino descascado

Sal

Manteiga sem sal em temperatura ambiente

6 fatias de pão de forma branco

Corte o pepino em fatias muito finas, quase transparentes. Coloque em uma peneira com um pouco de sal e deixe por 20 minutos. Passe manteiga nas 6 fatias de pão. Distribua uniformemente as fatias de pepino entre 3 fatias de pão. Cubra as fatias de pepino com as 3 fatias restantes. Corte a casca do pão e divida o sanduíche em três retângulos do mesmo tamanho.

SANDUÍCHE DE OVO, MAIONESE E AGRIÃO

4 ovos cozidos, firmes e descascados

5 colheres de sopa de maionese

Manteiga sem sal

6 fatias de pão de forma branco

1 pequeno maço de agrião

Em um recipiente, amasse os ovos com um garfo. Acrescente a maionese e misture bem. Distribua uniformemente entre as 3 fatias de pão. Adicione as folhas de agrião sobre o ovo. Passe manteiga nas outras 3 fatias e coloque-as sobre as primeiras fatias.

Corte a casca dos pães e divida o sanduíche em três retângulos do mesmo tamanho.

SANDUÍCHE DE SALMÃO DEFUMADO E CREAM CHEESE

6 fatias de pão de forma integral

200g de cream cheese

120g de salmão defumado

1 colher de sopa de cebolinha-
-capim picada

Passe o cream cheese nas 6 fatias de pão e espalhe a cebolinha-
-capim. Distribua uniformemente o salmão defumado sobre 3 fatias de pão. Cubra as fatias com o salmão com as fatias de pão restantes. Corte a casca dos pães e divida o sanduíche em 3 retângulos do mesmo tamanho.

SANDUÍCHE COROAÇÃO

Esta receita foi inspirada no prato servido no banquete que celebrou a coroação da rainha Elizabeth II em 1953. Na realidade, a receita é derivada de outra cerimônia, o jubileu de George V, em que foi servido um prato bem parecido chamado *jubilee chicken*.

6 fatias de pão de forma integral

1 peito de galinha cozido e cortado em fatias finas

3 colheres de sopa de maionese

3 colheres de sopa de iogurte natural

3 colheres de sopa de chutney de manga

1 colher de café rasa de curry em pó

2 colheres de sopa de amêndoas ou castanhas-de-caju levemente torradas e picadas

1 colher de sopa de uvas-passas picadas

1 colher de chá de coentro picado

Coloque todos os ingredientes em um recipiente e misture bem. Distribua a mistura uniformemente sobre as 3 fatias de pão. Cubra com as 3 fatias restantes.

Corte a casca dos pães e divida o sanduíche em três retângulos do mesmo tamanho.

REFERÊNCIAS BIBLIOGRÁFICAS

CLARK, Pamela. *Home Baked: Muffins, Pastries, Cakes, Biscuits*. The Australian Women's Weekly. Sydney: Bauer Media Books, 2005.

CLEMENTS, Carole. *The Cook's Encyclopedia Of Baking*. Londres: Lorenz Books, 1994.

GRAY, Rose, ROGERS, Ruth. *The River Cafe Cookbook*. Londres: Ebury Press, 1995.

HAY, Donna. *Modern Classics, Book 2: Cookies, Biscuits & Slices, Small Cakes, Cakes, Desserts, Hot Puddings, Pies & Tarts*. Nova York: Ecco Press, 2003.

KIMBALL, Christopher. *Baking Illustrated*. Nova York: Cook's Illustrated, 2004.

LAWSON, Nigella. *Delícias divinas: como ser uma diva na cozinha*. Tradução de Joana Faro; Fotografias de Petrina Tinslay. 1ª. ed. Rio de Janeiro: BestSeller, 2015.

ROSE, Evelyn. *The New Complete International Jewish Cookbook*. Londres: Robson Books, 1992.

STEWART, Martha. *Martha Stewart's Baking Handbook*. Nova York: Clereson Potter, 2005.

Fotografia: Clayton Khan

AGRADECIMENTOS

Primeiramente gostaria de agradecer aos meus pais por tudo que fizeram e ainda fazem por mim. Sem o apoio deles não poderia realizar meus sonhos de conhecer outras partes do mundo, diferentes culturas, enriquecendo meu conhecimento em culinária. E, mais importante, por terem me ensinado o respeito e a dedicação ao trabalho. Amo vocês.

Andre Sartori
Antonio Luceni
Brendan Holland
Carlos Siffert
Ed Victor
Elcio Betta
Elisabeth Andrade
Elizabeth Holland
Emm Smith
Francesca Teham
Gilberto Barbosa
Helerson de Almeida Balderramas
Isabela Sampaio
Jemma Watts

Jodie de Pascali
Leticia Torres
Maria Thompson
Nigella Lawson
Raïssa Castro
Renata Vidal
Rod Ritchie
Ruthie Rogers
Silvino Ferreira Jr.`
Teno Sostenes da Silva
Thales Fonseca Rodrigues
Verity Bolwell
Wilson de Mello Neto

SAIBA MAIS EM

 helioskitchen.com

 @helioskitchen

 Helio's Kitchen

 helioskitchen

Este livro foi composto nas
tipologias Neutra Text e
Salt and Spices Pro SC Serif,
e impresso em papel couché
matte 150g/m² na Prol Gráfica.